Introduction to Workplace Problem Solving

組織をダメにするのは誰か？

職場の問題解決入門

岸良裕司
Yuji Kishira

CROSSMEDIA PUBLISHING

どうしようもないと
みんなが諦めていた
組織の問題を即効で解決する力。
そんな力を
あなたに与えるのがこの本だ。

職場で1つの問題が起きる。
それをなんとかしようと対策を打つと
別の問題が発生する。

それを何とかしようと対策を打つと
さらに別の問題が同時多発してしまう。

小手先の対症療法は
問題解決どころか
問題をますます深刻にしてしまう。

人と人の間に起きる
組織の問題解決は難しい。
あまりに沢山の問題がありすぎて
どこから手を付けていいかわからない。
みんな一生懸命やっているのに、
なぜこんなことがおきるのだろう？

組織をダメにするのは誰か？

それは「**会社の害虫**」。

あらゆる組織の問題には、
さまざまな害虫たちが潜んでいる。
それら**害虫**たちの**正体**、**退治方法**を
わかりやすく**解説**していく。

追加の予算、
新しい人材確保は不要。
これまで数百社以上で実証された
特効薬の**数々**を入手できるのが
本書の特徴だ。

心当たりのある「会社の害虫」が
あなたの職場にいたら
退治方法を試してほしい。
イヤーな空気の職場が
みるみる変わっていく、
その即効性が実感できると思う。
同時に、あなた自身の成長を
感じられるはずだ。

はじめに　組織をダメにするのは誰か？

●見るのもイヤ！　想像するだけで気分が悪くなる上司
●頑張っても頑張っても、認められない閉塞感
●増え続けるプロジェクトでバタバタな毎日
●威勢のいいスローガンむなしく、残念な業績の会社

こんなイヤーな空気に辟易《へきえき》して「月曜日、会社に行きたくない」と思った覚えがあるなら、**あなたの職場には「会社の害虫」が潜んでいる可能性が高い。**

想像するだけでも不快、気分が悪くなる「会社の害虫」を退治しようと職場では様々な取り組みが行われているが、多くの対策は、かえって「会社の害虫」たちに居心地のよい環境を与えてしまい、持ち前のすさまじい繁殖力で、組織中に瞬く間に蔓延し、さらに組織をダメにしてしまうので注意が必要だ。

でも心配は不要！　蔓延《はびこ》った「会社の害虫」でも、生態さえわかれば対処はカンタン！

即効退治できる。

本書は「会社の害虫」について、詳細な生態の解説と、やってはいけない誤った対策が引き起こす甚大な被害、そして、シンプルな特効薬とケーススタディを紹介している。この本に紹介されている特効薬は、いずれも効果が実証されているので安心してご活用いただきたい。

「会社の害虫」の正体とは？

「会社の害虫」は会社のありとあらゆるところに蔓延り、組織をダメにしている。侵入経路は様々。人に寄生して職場に入り込んだり、メディアに紛れ込んだり、海外から持ち込まれたり、人の不安につけ込んで忍び込んだり、益虫が害虫に突然変異したり、ビジネススクールで感染した人が持ち込んだり、プレッシャーをかけられた時だけ害虫になったり、ITシステムのバグ（害虫）として潜入したり……。

「会社の害虫」と聞くと、あなたの会社にいる現実の人を想像してしまうかもしれないが、実は「会社の害虫」は人ではない。

人や組織に染みついた「思い込み」こそが「会社の害虫」の正体なのだ。

この本で紹介されている事例はすべて実話をベースにしている。それぞれの問題解決は全体最適のマネジメント理論ＴＯＣ（Theory Of Constraints）の様々な手法を活用しているが、そこには共通点が１つだけある。

「思い込み」に着目し、既成概念を変えて、現在の延長線上にない目覚ましい成果を出していることだ。

実際の事例の数々について知りたい人もおられると思う。「ＴＯＣクラブ」と検索していただければ、マツダ、ＴＡＴＡ、オムロン、パナソニック、Ｐ＆Ｇ、国土交通省、三菱重工、三菱電機、ボーイング、米国国防総省、防衛省などで目覚ましい成果を出したメンバーが自ら学びとともに語っている事例が公開されているので参考にしてほしい。

ほとんどの職場の問題は、この害虫（思い込み）を退治することで解決できる。

私は、世界で1000万人が読んだベストセラー『ザ・ゴール』（ダイヤモンド社）の著者ゴールドラット博士の愛弟子として、世界中を飛び回り、経営危機の逆境から飛躍の道を切り拓く仕事をしている。海外、国内を問わず、

- 商品開発の大幅遅延で経営危機に陥った会社
- 営業成績全国ワーストワンで閉鎖寸前の支店
- 大金をつぎ込んだのに成果が出ないDXプロジェクト
- 1週間後の経営会議で事業撤退が決まる事業部
- 品質不祥事が次々と明らかにされた名門企業

といった危機的な状況に毎日直面している。

『ザ・ゴール』では、危機に陥った工場をわずか3カ月で立て直すストーリーが描かれているが、それはあくまでも本の中の話。

現実の世界では、3カ月待ってくれることなどほとんどなく、4週間以内、ひどい時には1週間で、逆境から飛躍の道を切り拓くことが求められる。

その修羅場の渦中、2時間も経てば、みなさんの未来に明るい希望を持ってもらえるの

は、『ザ・ゴール』で紹介された全体最適のマネジメント理論TOCを活用して問題を解き、それによって必然的に起きる未来を一緒に描けるからだ。

「毎日が経営危機の修羅場」を経験して気づいたこと

多くの人が一生に一度も経験したくない経営危機が私の毎日。その修羅場の中で、最も非生産的で問題解決できない考え方があることを見つけた。それは**「人のせいにする」**ことだ。

「人のせいにして問題は解決しますか？」

こう質問すると、みな口を揃えて「しない」と言う。でも、つい「人のせい」にしてしまうと、「自責の念を持て！」なんて叱咤されてしまう。「他人は変えられないけど、自分は変えられる」なんて、もっともらしいセリフで責められるのだ。

しかし、ここに大きな罠がある。「自分のせい」と考えると、自分を責め始め、最悪の場合、メンタルダウンに陥りかねず、本人にとって極めて危険な状態であるのは言うまでもない。

そんな場面に直面した時「失敗しようと思って失敗する人はいますか？」と質問すると、誰もが「そんな人、いるはずがない」と言う。失敗しようと思って失敗しているワケじゃないから、自分を責めても問題は解決することはない。

「人のせいにしても問題は解決しない」のと同じように、「〝自分〟という人のせいにしても問題は解決しない」のだ。

人のせいにしても、〝自分〟という人のせいにしても問題は解決しないなら、何のせいにすればいいのだろうか？

「思い込み」のせいにするのはどうだろうか？

「思い込み」のせいにすれば、相手も、自分も、誰も傷つかず、問題の核心に迫ることができる。誰も責めないから、みんなの協力を得られるし、問題解決を一気に進めることも可能だ。

実は「思い込み」のせいにするのは、科学の世界では当たり前のことだ。技術者の方々は、研究や開発では毎日のように実験に取り組んでいるはずだ。実験で、最初から思ったような結果が出ることはまずない。

思ったような結果が出ない時、技術者なら、「どこに思い込みがあったんだろう？」と、

「仮定」を考察するのは常識的なこと。もし、「思い込み」が見つかったら、それを修正すると、次の実験結果はよりよいものになることが予想できるし、期待にワクワクするのは誰しも経験のあることであろう。

「仮定」を辞書で調べると次のように書いてある。

【仮定】
①実際とは無関係に想定されること。
②何かの現象を説明するために一応想定されること。その条件を厳格にしたものが科学上の仮説。
③ある推理の出発点として設定される命題。仮設。
〔広辞苑　第七版〕

わかりやすく言い換えれば「思い込み」と言うこともできる。技術者は日常、思ったようにいかない結果から「思い込み」を見つけて、そこから学び続け、研究開発を進めるのが当たり前の常識だ。同じように、我々の日常でも、思ったようにいかない結果、つまり失敗から「思い込み」を見つけて、そこから学び続ければ、成長し続けることはできる。

それが「科学者のように考える」ということなのだ。

本書では、そういった「思い込み」をキャラクターにした「会社の害虫たち」を紹介していく。それらは、多くの人や組織に蔓延している「思い込み」、つまり「既成概念」の数々である。これらの「既成概念」をブレークスルーすれば、事例で紹介する、けた外れの目覚ましい成果が出るのは言うまでもない。

もし、あなたの職場に心当たりのある「会社の害虫」がいたら、それはあなたがけた外れの目覚ましい成果を出し、キャリアアップするチャンスとも言える。

実際に『ザ・ゴール』を読み、全体最適のマネジメント理論TOCを実践して目覚ましい成果を出した経営者の方々のコメントがゴールドラット博士没後10周忌に寄せられている。ぜひ「ゴールドラット　10周忌」で検索いただきたい。

この本のもう1つの特徴は、読むだけでなく、動画で解説が学べるということ。学校では教科書を読んで、先生の解説で学びを深める。それと同じやり方で学びを深められるようになっている。スマホをかざせば動画解説も楽しめるようになっているのでお試しいただきたい。

飛ぶ鳥を落とす勢いで急成長する京セラに1984年に新入社員として入社し、稲盛和夫という名経営者の薫陶を受け、そして、伝説のベストセラー『ザ・ゴール』の著者、物理学者ゴールドラット博士の愛弟子になるという幸運に恵まれた。もしかしたら地球上でもっともラッキーな人間なのかもしれない。

この2人の巨人に、実践でも、理論でも、遠く及ばないが、私に天から与えられた才能がたった1つあるとするなら、難しいことをわかりやすく、楽しく伝えることではないかと思っている。

読んで楽しく、笑いながら学べて、やってみたら、けた外れの目覚ましい成果が出る。そんな本をいつも書きたいと願っている。

私のモットーは、Work Hard! Party Harder! もし、目覚ましい成果がでたら連絡してほしい。一緒に祝えればサイコーだ。

Goldratt Japan CEO
岸良裕司

p.s.ちなみにGoldrattでは、CEOはChief Entertainment Officerの略称です。

本書の取扱説明書

4つのカテゴリーに分けて、組織をダメにする害虫の特徴や退治方法を解説していきます。
最初から読んでいくのもあり、パラパラめくって自分の会社と関係のあるところから読むのもありです。害虫同士が連携している場合もありますので、合わせてその該当ページも読んでください。

プロファイルの見方

害虫が職場で引き起こす、代表的な問題を記載。

害虫がよくいる環境です。予想外の場所にいる可能性があるので注意しましょう。

害虫の口ぐせを記載しています。発見のヒントにしてください。

特徴を列挙しています。詳しい特徴は本文でも解説します。

困っているなら、ここからチェック

□ダメ上司に悩んでいる□自分のチームがうまくいっていない ☞☞☞☞☞☞☞ 第1章
□プロジェクトが進まない、問題ばかり起きている ☞☞☞☞☞☞☞☞☞☞☞ 第2章
□会社の中で頑張ってもうまくいかない□力が発揮できないと悩んでいる ☞☞ 第3章
□組織全体での課題がある□自分の部署だけでは解決できない問題がある ☞☞ 第4章

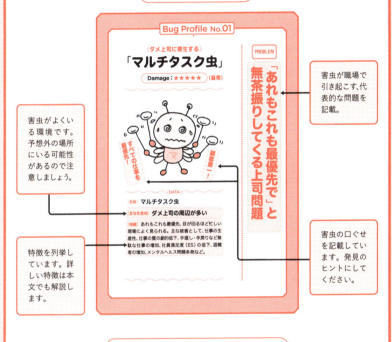

第1章 ダメ上司の問題を解決する

Contents

第2章 ダメプロジェクトの問題を解決する

第3章 あなたをダメにする問題を解決する

第4章 ダメな組織の問題を解決する

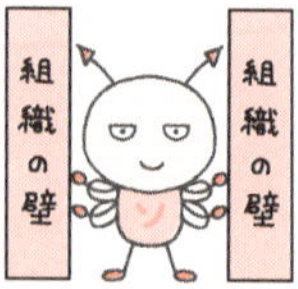

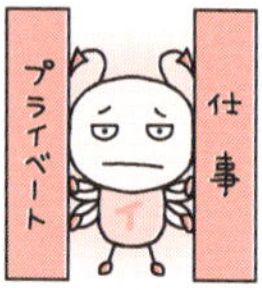

本書は、JBpressでの連載「会社の害虫図鑑」の内容に加筆修正を加え、再構成したものです。

本書で紹介している動画や論文は、予告なく変更・終了する場合があります。

あらかじめご了承ください。

ブックデザイン　金澤浩二
イラスト　きしらまゆこ

第1章

ダメ上司の問題を解決する

Bug Profile No.01

〈ダメ上司に寄生する〉

「マルチタスク虫」

Damage：★★★★★（最悪）

［DATA］

［名称］マルチタスク虫

［主な生息地］ダメ上司の周辺が多い

［特徴］あれもこれも最優先、目が回るほど忙しい現場によく見られる。主な被害として、仕事の生産性、仕事の質の劇的低下、手直し・手戻りなど無駄な仕事の増加、社員満足度（ES）の低下、退職者の増加、メンタルヘルス問題多発など。

PROBLEM

「あれもこれも最優先で」と無茶振りしてくる上司問題

ダメ上司のもたらす深刻なダメージ

「一生懸命頑張ったのに、今日何を完了できたんだろう……」

こんな思いを抱く人が1人でもいたら、その職場には「マルチタスク虫」が蔓延《まんえん》している可能性がある。

「マルチタスク虫」のダメージは深刻だ。あれもこれも最優先で、現場は集中して仕事ができない。必然的に仕事の質が下がる。すると、手戻り、手直しが常態化し、ムダな飛び込みタスクが増え続ける。こなさなければいけない仕事は増えるばかりで、納期遅れも頻発する。

遅れを取り戻すために残業も増える。当然ながら、従業員満足度（ES）も下がり、退職者も増え、残ったメンバーのプレッシャーもきつくなり、メンタルを病む人も増えてくる。

マルチタスク虫の増殖が加速する原因は**主に、優先順位を付けられないダメ上司**だ。「顧客第一」という、正論すぎて部下が反論する余地がないスローガンのもと、「すべてのタスクを最優先せよ」と言うかのごとくプレッシャーをかけてくる。

その一方で、何もかも丸投げし、現場は疲弊し続ける。**頑張っても、頑張っても成果がでない。だから、業績もどんどん下がる。**

「すべて最優先」という暗黙のプレッシャーの中で様々なタスクが降ってくると現場はどうなるだろうか？

次ページの図は、その様子をイメージしたもの。仕事の大小にかかわらず様々なタスクが現場に放り込まれて、フン詰まり状態だ。こんな状態でケツを叩いて仕事の流れを加速しようとしても、さらにフンは排出されるどころか詰まるばかりである。

やってはいけないダメ解決策

詰まりまくった仕事をなんとか期日までに終わらせようとすると、残業が増える。する

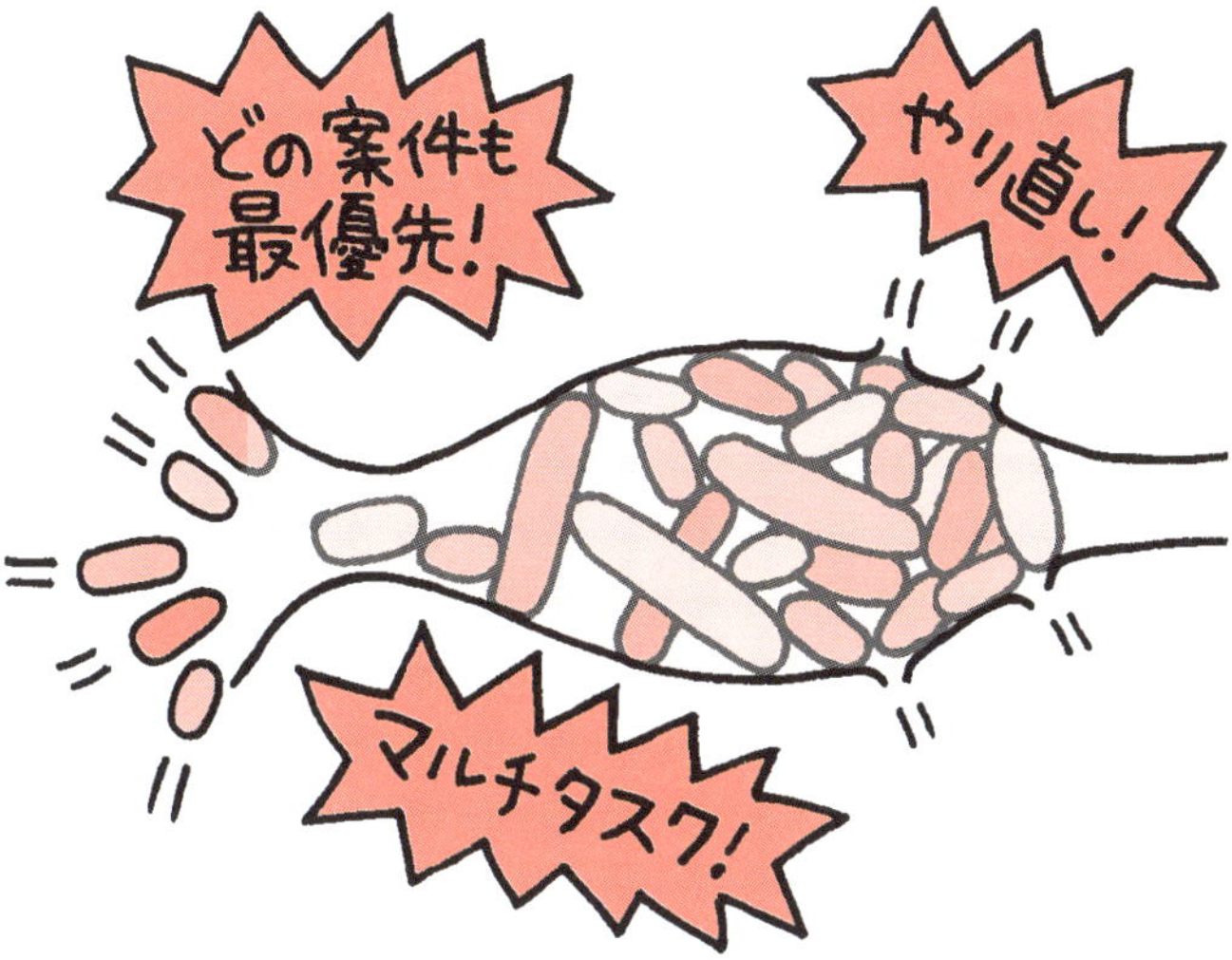

と会社は「働き方改革」などと称して、残業削減活動を始める。その方針を何も考えずに受け入れたダメ上司は、部下に対して「早く帰れ!」「効率を上げよう!」などと精神論をぶち上げる。当然だが、こんな掛け声が役に立たないのは言うまでもない。

さらに、上司だけではなく現場でも働き方改革を推進するメンバーが指名され、そのメンバーが定時になると電気を消したり、エアコンを止めたり、パトロールし始めて「早く帰れ!」とハッパをかけ始めたら、いよいよマルチタスク虫の被害は末期症状だ。

残業削減に取り組むメンバー自らは残業しているのに、他のメンバーに残業するなと指示を出す理不尽さ。結果、仕事は残っているのに帰ることを強要され、仕事はさらに遅れて、上司から叱責されることになる。

上司に叱責されるのは嫌だし、結果を出さなければ評価に響く。現場は家に持ち帰って仕事するしかない。すると、ブラック企業がいつの間にかできあがる。

このような現場では、「人が足りない」「時間が足りない」などの悲鳴が現場から聞こえている。そこで実施される対策の最終兵器は、「人員を増やす」ことだ。新しい人を追加すれば、こなせる仕事が増えるというわけだ。

だが、**これは疲弊する現場に最後のトドメを刺しかねない。**新しい人を採用するとどうなるか。実際にはその人に対する教育が必要となり、その分、ただでさえ忙しい人たちの仕事の効率は下がり、こなさなければいけない仕事は増え続ける。

納期が心配になると、進捗会議などが立ち上がり、報告書が増え、さらに肝心の仕事に集中できなくなり、ますます現場は疲弊する。

時には商品をつくっているのか、書類をつくっているのかわからないという悲鳴が現場から聞こえてくる。

そして、いよいよ現場の社員のメンタルは崩壊し始める。

［退治方法］優先する仕事を決める「ルール」づくり

マルチタスク虫を退治する方法はシンプルだ。**仕事に優先順位をつける「判断基準」**を決めることだ。決して、上司に「優先する仕事の順番」を決めてもらおうと考えてはならない。

マルチタスク虫が蔓延《まんえん》している現場は、上司も目の回るような忙しさで仕事をしていることが多い。その上司にも上司がいる。

つまり、上司の上司に対する報告や対策立案で、多くのマネジャーはプレイングマネジャーであることが多い。自らも現場を助けるために仕事をしているので、上司のマルチタスクはさらにひどくなっているケースがほとんどだ。

「仕事の優先順位を決めること」と、「優先順位の判断基準を決めること」では全く異なるということを、特に理解する必要がある。優先順位を上司がイチイチ決めなければならないのは大変だが、前もって判断基準を現場のメンバーと上司の間で合意しておくのだ。

現場のメンバーが集まり上司の立場になって、優先順位の判断基準を自ら考える。そして、その結果を上司と相談し、合意しておく。

その優先順位に従っている限り、上司にイチイチお伺いを立てる必要はない。現場は判断基準に従い自ら決めた優先順位通りに、粛々と一つひとつのタスクに集中して仕事を進めればいい。

この**「粛々と一つひとつのタスクに集中して仕事ができる」ということが、仕事の生産性を高める上で極めて大切だ。**絶大な効果については、動画も併せてご覧いただきたい。

［事例］残業問題、メンタルヘルス問題続出の設計部門

世界のトップシェアを誇る産業機器を開発製造しているA社（仮名）。とびぬけた技術力で業績は絶好調で、世間から脚光を浴びるほどだった。ところが、それとは裏腹に社内では深刻な問題を抱えていた。

A社の製品は、顧客の細かいニーズに応えるために、案件ごとにカスタマイズが発生する。その対応をするのは設計部門である。設計部門の仕事は、製品を設計するだけではない。

［動画でも解説！］

クライアントと仕様を打ち合わせ、提案書を作成し、生産のための仕様もつくる。クライアントからの設計変更の要望に対応し、生産性向上のためにカイゼン活動も実施する。さらに、クレーム対応、新製品開発……。設計以外の業務が山ほどある。

日中は社内外の様々な打ち合わせで忙殺される中、飛び込みで否応なしに次々と緊急案件が湧いてくる。さらに、あまりに多い残業時間をなんとかするために「働き方改革プロジェクト」などもスタートしていた……。

この環境は「マルチタスク虫」が増殖するのに極めて適した環境であるのは言うまでもない。やればやるほど、どんどん仕事が増えてくる最悪の「マルチタスク虫」が蔓延した職場であった。

この職場から、どうやってマルチタスク虫を根絶したか。

◉わずか2時間で「マルチタスク虫」を根絶

この職場に蔓延した「マルチタスク虫」を退治する対策は、わずか2時間のワークショップだった。
「優先順位を決めることが大事」ということは、マルチタスク虫に一番取りつかれていた上司も理解していた。もちろん現場のメンバー誰しもが賛成する考えだった。だが、「関係者が多く、優先順位を決めるのは実質不可能だ」とみなが口をそろえて言う。

そこで、**「社長になったつもりで」「優先順位の判断基準」を議論することにした。** 20以上の様々な判断基準が出てきたが、集約すると次の3つのシンプルな判断基準で運用できることがわかった。

1 お客様に迷惑をかけるもの
2 他の部署に迷惑をかけるもの
3 納期に近いもの

「社長になったつもりで」を枕ことばにすることは、会社全体のことをメンバーが考えるようになり、部分最適の判断基準を解消する効果もある。この3つの判断基準を、上司が他の部署に示したところ即座に合意が得られただけではなく、社長に「まさに私が考えていたのと同じだ！」とお墨つきまでもらえ、運用がスタートした。

バタバタと仕事をするのと、一つひとつ集中するのでは仕事の質はけた違いだ。仕事の質が上がり、無駄な手直しも激減。わずか1週間で生産性は倍増した。

つまり、**2倍の仕事を同じリソースでできるようになり、しかも残業も激減したのである。**

職場にゆとりも生まれた。うれしい驚きは、みんなで議論した優先順位のため、他部署と何を優先するかでもめることがなくなり、部署間の軋轢《あつれき》も解消したのである。

後日、職場のストレスが減ったことも明らかになった。職場の忙しさに起因するメンタルヘルスの問題がゼロになり、「月曜日が楽しみな会社になった」という声さえ現場から出てくるようになった。

Summary
まとめ

あなたの「常識」は正しいのか?

「あれもこれも最優先」という職場を麻痺させるマルチタスク虫に取りつかれていた上司は、職場をダメにしてやろうと考えていたのだろうか?

そんなことはないはずだ。マルチタスク虫が職場に蔓延したとしても、本当に悪いのは上司ではない。

人のせいにしても問題は解決しない。世界で1000万人が読んだ『ザ・ゴール』の著者で、物理学者であるゴールドラット博士は、『思い込み(Assumption)』のせいにするべきだ」と説いた。つまり、悪いのは上司ではなく、上司を動かしていた「思い込み」というわけだ。

では、マルチタスク虫を蔓延させる思い込みとは、なんだろうか?

「どんな仕事でも『最優先』する姿勢で取り組めば、なんとかなる」

これが、「顧客第一」という理想のもと、上司をマルチタスク虫にさせていた思い込みだ。

優先する仕事を決めようとしても結局、「あれもこれも最優先」という状況を招き、職場を麻痺させる原因になっていた。

仕事をするのは人だ。人は、集中しないといい仕事はできない。マルチタスクを抱えた状態で「あれもこれも最優先」というプレッシャーの中では集中できないのだ。だからこそ、優先順位を判断する揺るがない基準を職場全体で持ち、上司と部下が合意のもとで、仕事によっては「あえて遅らせる」ことも重要になる。

優先する仕事を決めるのではなく、その判断基準を決める。シンプルな発想の転換が目覚ましい成果をもたらすことになる。

Bug Profile No.02

PROBLEM

次々と部下をメンタルダウンさせる上司問題

〈鬼詰めする上司に取りつく〉

「ナゼナゼ虫」

Damage：★★★★★（最恐）

DATA

［名称］ナゼナゼ虫

［主な生息地］パワハラ上司の周辺、メンタル問題が多い職場

［特徴］もともとは生産現場において「なぜ？」を5回唱えることで根本問題を発見する益虫であったが、工場の外に出て変異し、「なぜ？」「なぜ？」を繰り返し、人を追い詰め、メンタルヘルス問題を引き起こす最恐の毒虫として知られるようになった。発見したら即退治することが大事である。

「ナゼナゼ虫」が、どうして人を追い詰めるのか

「なぜ?」「なぜ?」「なぜ?」「なぜ?」「なぜ?」

「なぜ?」を5回問うことで、根本的な問題を見つけ出し、問題解決をする。その手法は今や日本のみならず、世界中の生産現場で行われているすばらしいカイゼン活動だ。だが、もし、その問いがあなた個人に向けられたら、どうだろう?

つい、言い訳をしたくなるのではないだろうか。

でも、言い訳を口にすれば「言い訳するな!」と上司はさらにパワハラまがいに責め立てるようになる。

こんな職場には「ナゼナゼ虫」が侵入している可能性が高い。

「なぜ?」で人を責めてはいけない

実は「なぜ?」という問いで責められると、つい言い訳をしたくなるのは、人として当たり前のこと。人類の進化を研究した名著『ヒトは食べられて進化した』(化学同人)では、ヒトはもともとトラやヒョウなどよりも弱い被捕食動物で、生き残るために「自己防衛本能」が発達し、進化を遂げてきたことが紹介されている。

つまり、「なぜ?」と責めれば、自己防衛本能が発動し、言い訳をして自分を守ろうとするわけだ。

ならば、「なぜ?」という質問が言い訳を誘導しているのに、「言い訳をするな!」と言うのは理不尽だろう。

ナゼナゼ虫は生産現場などで不具合が発生した際に、うわべの症状ではなく根本的な問題を見つけることを助けてくれる優れた益虫として、人と長年共存してきた。生産現場では、**「なぜ?」という質問が向けられるのは、主にモノである。**モノには自己防衛本能がないから、当然ながら問題は発生しない。

だが、**ナゼナゼ虫が人を責めるようになると、理不尽を押し付ける恐ろしい害虫に変異**

してしまうのだ。

問題を他責にせず、自責の念を持つことが大事とはよく言われる。そういった考え方が浸透している職場にナゼナゼ虫が侵入すると、さらに深刻な問題を引き起こす。「なぜ？」という質問を自分に向けることにより、自分を責め、メンタルヘルス問題の引き金にもなりかねない。

「人のせいにしても問題は解決しない」とはよく言われるが、自分のせいにしても問題は解決しない。失敗しようと思って失敗する人はいないからだ。

［退治方法］一緒に「思い込み」を探る

では、他人のせいにもせず、自分のせいにもせず、何のせいにすればよいのだろうか？

「思い込み」のせいにするのはどうだろうか。

思い込みのせいにすれば、他人も自分も傷つかない。しかも、人の持つ自己防衛本能を刺激することなく、客観的に問題の原因を考えることができる。

「はじめに」でも述べたが、思い込みのせいにするのは、科学の世界では常識的なことである。研究や開発では、実験を日常的に行っているが、最初から思ったような結果が出ることなどまずない。

思い通りの結果が出ないことを一般に失敗と言うが、科学の世界では、それで人を責めるようなことはせず、どうしてその結果が出たのか、思い込みを客観的に考察する。

そして、思ったような結果が出ない原因となった思い込みを見つけたら、それを取り除いた次の実験でどんな結果が出るのかワクワクするはずだ。つまり、科学の世界では、**思い通りの結果が出ないことを失敗とは考えず、学びの機会としている。**

ここで、ナゼナゼ虫の特効薬が明らかになる。「なぜ?」「なぜ?」と人を追い込むのではなく、一緒に思い込みを探ればいいのだ。

「失敗しようと思って失敗したわけじゃないだろう?　思い込みを一緒に考えてみないか?」

この問いならパワハラには決して ならない。むしろ、思い込みを見つけ、人はそこから学ぶことになり、成長さえ加速することになる。動画解説もしているので併せてご覧いただきたい。

[動画でも解説!]

［事例］「なぜ？」5回の「パワハラ上司」の汚名返上

自動車メーカー向けの機器を開発・製造している大手メーカーで、最年少の生産部長だったM氏はある日、上流の開発部門まで担当する本部長に抜擢された。

M氏はそれまで、「なぜ？」を5回繰り返すことで生産現場の問題を次々と解決し、会社に大きな利益をもたらす逸材として全社の期待を集めてきた。M氏のおかげで生産現場では毎日のようにカイゼンが進んでいたが、開発部門は手付かずでビジネスのボトルネックになっていた。

100年に1度の変革期と言われる自動車業界の競争は激しい。よりよいクルマを開発しようと、仕様は最後の最後までコロコロ変わり、開発には柔軟な対応が求められる。しかも、電動化が急速に進む中、開発の仕事は増えるばかり。

だが、リソースを増やそうにも、世の中の技術者不足は深刻でライバルに優秀な人材は引き抜かれ、その補充すらままならない状況である。

限られたリソースで開発期間のさらなる短縮を求められるため、開発部門の残業は全社でダントツの長さ。「不夜城」というありがたくない異名をつけられるようになった。

1つのプロジェクトが遅れると、その対応のために他のプロジェクトから人材が投入される。すると、人を抜かれたプロジェクトも遅れるようになり、開発予算は大幅に超過。「開発爆発」とも呼ばれる状態になり、全社の経営を圧迫していた。

この問題を解決するために、M氏に白羽の矢が立ったのだ。

しかし、M氏は大きな壁にぶつかることになった。

「なぜ?」5回の問いで真因を探ろうとするが、出てくるのは言い訳ばかり。M氏は「なぜ?」という問いで人を追い詰めるパワハラ上司という汚名まで着せられ、部下の間ではメンタルヘルス問題が多発。

従業員満足度調査で開発部門は全社最下位になってしまった。

さらに悪いことに、社内では「自責の念を持て!」という言葉が長年多用され、文化として定着していた。自責の念に駆られたM氏は自らも精神的に厳しい状況となってしまい、相談が寄せられた。

早速M氏に、「思い込み」のせいにするナゼナゼ虫の特効薬を処方した。

もともとM氏は優秀な技術者。科学実験と同じように、思い込みを疑うことには慣れていた。開発メンバーを集めて組織にある根本的な思い込みを見つける議論を始めることになった。

◉ボトルネックを解消する「一個流し」

議論を開始してわずか30分。みんなが発見した思い込みは、**「早く始めれば早く終わる」**ということであった。

確かに仕事が1つであれば単純な話だが、複数の仕事があふれている現状で、あれもこれも早めに取り掛かろうとしていたことで、複数の仕事を同時進行でこなさなければならないマルチタスクを強いられていた。

その結果、一つひとつの仕事の質が極端に低下し、ミスが多発し手直しに時間を奪われていたのだ。

M氏はすぐに解決策を思いついた。

それは**「一個流し」**という生産現場では常識的な仕事の流し方である。**一つひとつの仕事に集中して、しっかりと仕上げて次の工程に渡すことで、仕事の流れをよくするカイゼン手法**である。これが、開発にも有効であると閃いた。

早速、開発における「一個流し」活動が始まった。

活動を始めて3日目には同じリソースで倍の仕事をこなせるようになり、残業は激減。ゆとりができて、職場内の助け合いも進んだ。問題が起きた時も会議まで待たずにみんなで助け合い毎日解決するようになった。これを「問題解決一個流し」と名付けた。

これらの取り組みの結果、ライバルより3カ月以上も早く開発を完了。取引先の自動車メーカーを驚かせ、感謝状まで授与された。それだけでない。

実は自動車メーカーも同じような開発爆発に苦しんでいた。

自動車メーカーはこの会社に学ぼうと次世代機器のメインサプライヤーに指名。M氏は大型受注の立役者となった。

Summary
まとめ

あなたの「常識」は正しいのか？

「なぜ？」という問いは、よい問いなのだろうか？

確かに、産業界で広く活用され、目覚ましい成果を上げてきたが、そこには前提条件がある。モノに向けられる時にはよい問いでも、自己防衛本能を持つ人に対して「なぜ？」を問い続けると、言い訳ばかりを誘発し、最悪の場合はメンタルヘルス問題まで引き起こしかねない。

問題は人のせいにしても解決しない。重要なのは、思い込みを排除することだ。そうすれば、誰も傷つけない。そのことをぜひ、覚えておいてほしい。

Bug Profile No.03

PROBLEM

結果にケチをつけるだけの自己満足上司問題

〈ヒーロー気取りでタチが悪い〉

「シーエー(CA)虫」

Damage：★★★★★（最悪）

DATA

［名称］シーエー（CA）虫

［主な生息地］**納期遅れ、予算超過が頻繁に発生する会社の会議室や管理者の周辺**

［特徴］上司という圧倒的に優位な立場にあぐらをかき、部下にダメ出し・叱責するのが特徴。主な被害は、納期遅れ、予算超過、会社の収益の悪化、顧客満足度やモチベーションの劇的低下など。大量発生すると風通しの悪い職場という風土病を引き起こし、治療に長期を要することがある。

「シーエー虫」が引き起こす深刻なダメージとは？

「今になって、なんでこんな大問題が出てくるんだ！」

納期ギリギリになって、こんな怒号が会議室や職場から聞こえてきたら、そこには「シーエー虫」が蔓延している可能性が高い。「シーエー虫」は、ＰＤＣＡ（Plan Do Check Action）の後半のCheck Actionの頭文字から名付けられたと言われている。

納期の遅れや予算超過の責任は「報連相」を適切にしなかった部下に押し付け、自分は事態を挽回したとしてヒーロー気取り。

この害虫の存在にいち早く気付いたとされているのが、マツダ元会長の金井誠太氏だ。金井氏は、ＣＡにこだわるマネジャーの弊害を説いている。

つまり、Plan Doの段階では部下に丸投げしておいて、Check段階で部下にあれこれ指示し、自らAction＝改善に乗り出す上司は、それによって自己満足を得ているのだと。

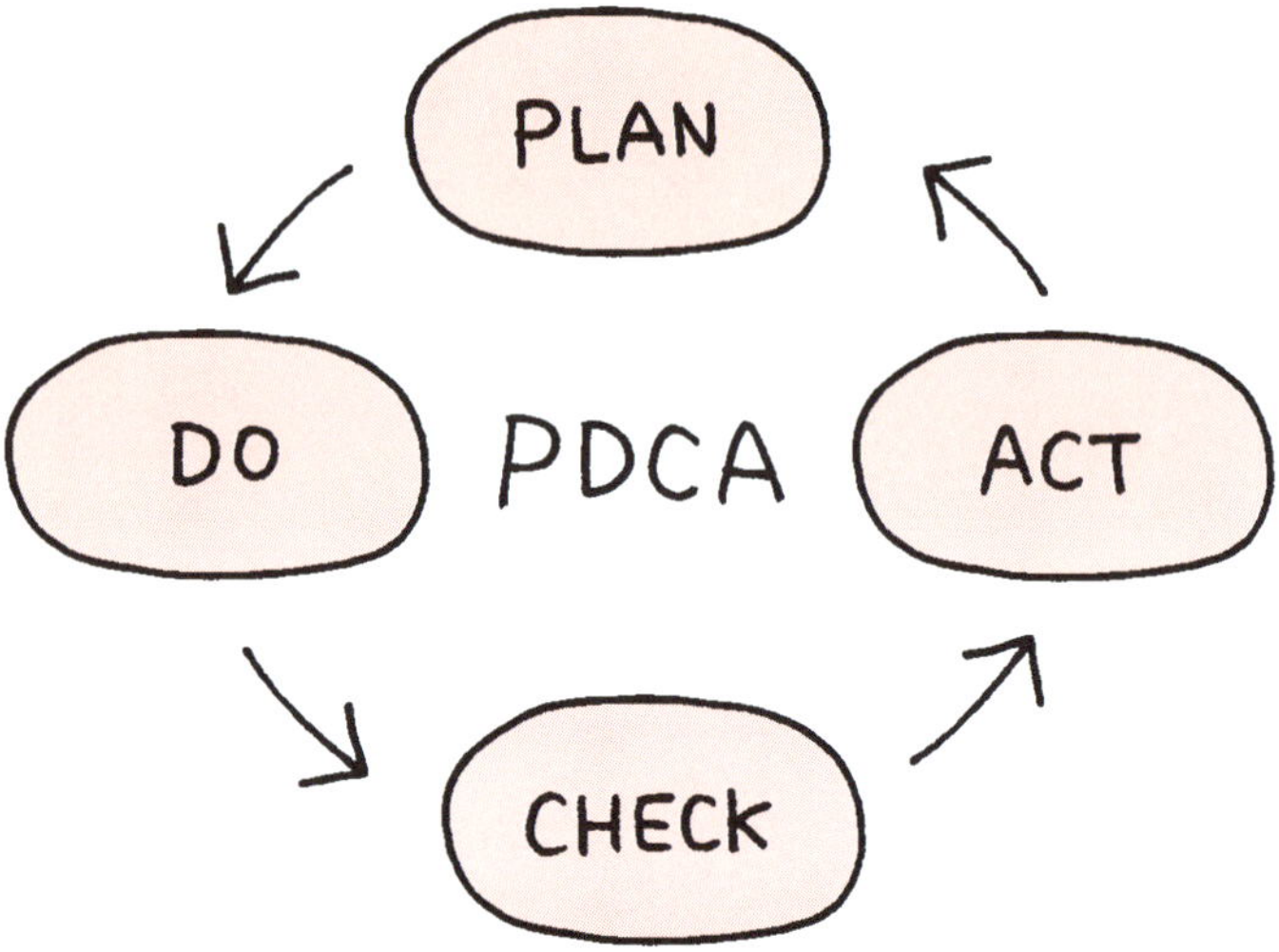

そんな金井氏が作成したシーエー虫を発見するためのチェックリストは、次の通り。

1 最初は部下に仕事を丸投げ
2 納期が迫った時に、進捗をチェック
3 納期直前になって、納期が間に合わないことを発見
4 マネジャー自らが先頭に立って対策

納期が迫っていれば、マネジャー自ら先頭に立って必死に対策しても、多少の納期遅れや予算超過は免れない。その責任はすべて現場のせいになる。

一方、納期ギリギリで発覚した大問題を多少の損失だけで抑えて挽回したマネジャーは活躍しているように見え、高く評価される。

「やっぱり、私がいなきゃダメだ」

そんな自己満足に陥っているマネジャーが職場にいたら、すでにシーエー虫が発生している可能性が高い。言うまでもないが、上司はたいていの場合、部下よりも経験もあるので物事にうまく対処できる。しかも、問題が発生するたびに、上司の優位性はさらに高まる。一方で、部下は自信をなくし、モチベーションも下がり、メンタルヘルス問題も発生するようになる。金井氏が自ら語るインパクト絶大の動画も併せてご覧いただきたい。

［動画でも解説！］

やってはいけないダメ解決策

報告・連絡・相談の頭文字をとった「報連相《ほうれんそう》」というスローガンのもと、問題を早めに「報連相」するように上司から指示が出ると、さらに事態は深刻になる場合が多い。なぜなら、部下は上司から状況報告と対策案を同時に持ってくるように迫られることがほとんどだからだ。

すると、報告書類の作成に時間を取られ、実際に起きている問題への対策に充てる時間が減る。具体的な対処は後回しになり、さらに仕事は遅れることになる。

遅れの可能性を報告しただけで部下を激しく叱責する上司がいる場合は、さらに状況は悪化する。叱責されるのは嫌なので問題を報告するのを避けるようになる。職場の風通しは悪くなり、さらにシーエー虫が好む環境ができあがる。

職場の風通しが悪くなると「風土改革プロジェクト」などが立ち上がり、ただでさえ忙しい現場は疲弊する。上司もその分だけ現場を助ける時間が減る。改革プロジェクトが改革の足を引っ張る皮肉な事態も数多く報告されている。

あなたの職場に「問題を上げてくれない」と嘆く上司がいたら、それはシーエー虫が発生した合図。早期の退治が必要となる。

［退治方法］上司からシンプルな3つの質問をする

シーエー虫退治の方法はシンプルだ。**「問題を拾い上げる上司」をつくることだ。**決して、現場から問題を上げてもらおうと思ってはならない。「早め早めの報連相」といった精神論では問題は解決しない。
問題を拾い上げるために上司が部下に投げかける質問は、たった3つでいい。

1「あと何日で終わりそうですか？」
2「問題があるとしたら何ですか？」
3「何か助けられることはありますか？」

この3つの質問はとてもシンプルだが、絶大な効果がある。実は、この3つの質問には、人の考える力を鍛え、成長させる特効薬が入っている。

「あと何日で終わりそうですか？」と質問すると、現場は仕事を完了するまでに必要な期間を毎日考え、見積もりを日々アップデートする。それは現場の「見積もり力」を毎日鍛えることにつながる。

「問題があるとしたら何ですか？」と質問すると、現場はリスクを毎日考える。それは「リスク予知能力」を毎日鍛えることにつながる。

「何か助けられることはありますか？」と質問すると、現場は対策を自分で考える。それは「対策の構想力」を毎日鍛えることにつながる。

これら3つの質問を日々するだけで、結果にケチをつけるシーエー虫を退治できる。さらに、上司は「問題を拾い上げる上司」に成長していくことになる。

お気付きと思うが、特効薬である3つの問いはすべて**「変えられる未来」に集中する進捗管理**である。「どれだけ進んだか？」という「変えられない過去」を管理しても時間の無駄だ。3つの問いは、貴重な時間とリソースを「変えられる未来」に集中し、納期を見積もり、リスクを解消し、人を育てることを可能にする特効薬だ。

[事例]ソフトウェア会社の「開発爆発」を解決する

世の中の機器のほとんどがソフトウェアなしでは動かない現在、ソフトが産業界のボトルネックになっているとまで言われる。しかし、ソフトはハードウェアと違って目に見えないため、プロジェクト管理が難しいと言われる。

B社は、ソフトの不具合が起きると人の命に関わる極めて重要な機器を開発・製造している。そのため、開発のボトルネックはハードではなくソフトになっていた。

実際、金曜日まで順調と報告されていたプロジェクトが週明けの月曜日になって、大幅な納期遅れ、予算超過の可能性が報告されることも珍しくなかった。こうした事態を社内では、「開発爆発」と名付けていた。

一つひとつのソフトが絡み合い、製品の設計が複雑になる中、度重なる「開発爆発」が経営を圧迫していた。その結果、巨額の赤字を計上し、深刻な経営危機に陥っていた。

この状況を打開するため、PMO（Project Management Office）などが立ち上がり、プロジェクトマネジメントの専門家を育成しようとした。だが、状況はさらに悪化した。

PMOに対する現場からの進捗報告は増えるばかりで、PMOが設置されてから、上司はCheck Actionばかりいそしむようになり、シーエー虫が大量発生した。現場では、余計な仕事が増え、仕事に集中できなくなったと不満が爆発し、私のもとに相談が寄せられた。

◉「シーエー虫」は生活習慣病

対策はまず、シーエー虫の存在を職場全員で認識することから始めた。チェックリストによる診断を実施し、シーエー虫が蔓延していることを職場全体が認識した上で、先ほどの3つの「質問」をすぐに実践することになった。

早速、夕礼で実施した。各職場の上司が部下に3つの質問をする、というシンプルな対策だが、つい「どれだけ進んだか?」というこれまで通りの質問をしてしまうことが少なくない。頭ではわかっていても、長年親しんだやり方が体に染み付いている。

まるで、生活習慣のように、なかなか治らないものであることを全員が痛感した。

だが、うれしい援軍があった。PMOのトップが、**プロジェクトマネジメントの本質は「変えられない過去」から「変えられる未来」に集中することだと気付いたのだ。**過去のやり方が抜けない現場に対して、PMOが「クセになるまでやる」をスローガンに、PMOメンバー全員が朝礼・夕礼で現場を支援することにしたのだ。

効果はてきめんだった。日々「3つの質問」をするだけで、シーエー虫に取りつかれた上司は「問題を拾い上げる上司」に変わり、手遅れになる前に手を打って現場を助けるようになった。

対策を始めて8週間後には、納期遅れを一掃するだけでなく3日前倒しで完了。現場メンバーは3日間のご褒美休暇をとることになった。

社員満足度も上がり、**「会社に入って今が一番楽しい」**という声さえ現場から聞かれるようになった。

Summary
まとめ

あなたの「常識」は正しいのか？

あなたの会社の進捗管理会議は、「変えられる未来」を議論しているだろうか？

「どれだけ進んだか管理すれば納期は守れる」

そんな「変えられない過去」を議論することが、誤った思い込みであるのは明らかである。過去は変えられないが未来は変えられる。だから、変えられる未来に集中することが納期を守る最善の策なのだ。

Bug Profile No.04

PROBLEM

恐怖心でメンバーを萎縮させる上司問題

〈現場に「変われ！」と責め立てる〉

「キキカンアオリ虫」

Damage：★☆☆☆☆

[DATA]

[名称] キキカンアオリ虫

[主な生息地] 「危機感を持て！」と大号令を飛ばす経営トップの周辺

[特徴] 「キキカンヲモテ！」と聞こえる鳴き声を出すと同時に、ムチのように変異した手足で周囲の尻を叩き、同じように鳴かせて大合唱となる。現場に変革を迫る一方、最も変わらなければならない経営幹部が変わらないので、業績が好転しない。その結果、株主などから圧力を受け、経営陣から失脚するので寿命は意外と短い。

「危機感を持て！」で会社は変わるか？

「危機感を持て！」

業績が低迷する中、こんな声が経営幹部から聞こえてきたら「キキカンアオリ虫」が侵入している可能性が高い。キキカンアオリ虫はムチのような手足を持ち、周りの人を叩き同じように鳴くことを強要する。そのため組織の上部に発生すると瞬く間に現場にまで広がり、気付けば会社中が「キキカンヲモテ！」の大合唱で大騒ぎになる。

「経営改革」は文字通り、経営を改革することで、「現場改革」とは異なる。だが、キキカンアオリ虫がいったん会社に忍び込むと、本当に変わらなければならない経営はそっちのけで、現場にムチを打ち、経営改革が現場改革に矮小化されてしまう。

「経営改革」と「現場改革」、どちらが大きな成果が望めるか？

「経営改革」と「現場改革」、どちらが難しいか？

業績低迷から脱した会社の多くは、経営改革を実現した会社であるのは言うまでもない。経営改革と現場改革には雲泥の差がある。キキカンアオリ虫が生息している会社では、現場に変革を迫るわりには、経営幹部自身の危機感が欠如している場合が多い。ちなみに、こうした経営幹部のことを**「経営患部」**と呼ぶので、ぜひ、みなさんの会社でも広めていただきたい。

要するに、現場にしてみれば**「おまえが変われよ！」**と経営〝患部〟に言いたいわけだ。だが、実は上層部に目を付けられるリスクを冒してまで、キキカンアオリ虫を自ら駆除しようと思わなくてもいい。業績低迷が続けば、最終的には資本主義で最強の害虫キラー、株主が経営幹部に退場を迫ってくれる。

株主の意見を代表する社外取締役が頑張ってくれるかもしれない。いずれにしても、様々なステークホルダーがキキカンアオリ虫に取りつかれた経営幹部を退治してくれるので、寿命は短い。

安全なところに留まろうとする人の性《さが》

本当の危機に直面した時、人はどういう行動をとるだろうか？　人には自己防衛本能があるから、すぐさま危機を避けようとするはずだ。

では、危機を避けることができて、安全になったら人はどうするだろうか？

その安全なところに留まりたいと思うのが人の性《さが》ではないだろうか？

つまり**「危機感を持て！」と言われたら人は安全を求めるようになり、それが達成されればそのまま安全なところに留まりたくなる。**皮肉なことだが、「危機感を持て！」という改革は長続きせず、業績の低迷を再び招く原因を組織に埋め込むことになりかねないのだ。

［退治方法］「変化の4象限」という思考法

キキカンアオリ虫は短命だし、放っておいても外部から害虫退治が駆けつけてくれるので、自ら退治する必要はさほどない。だが、それではあまりにもったいない。

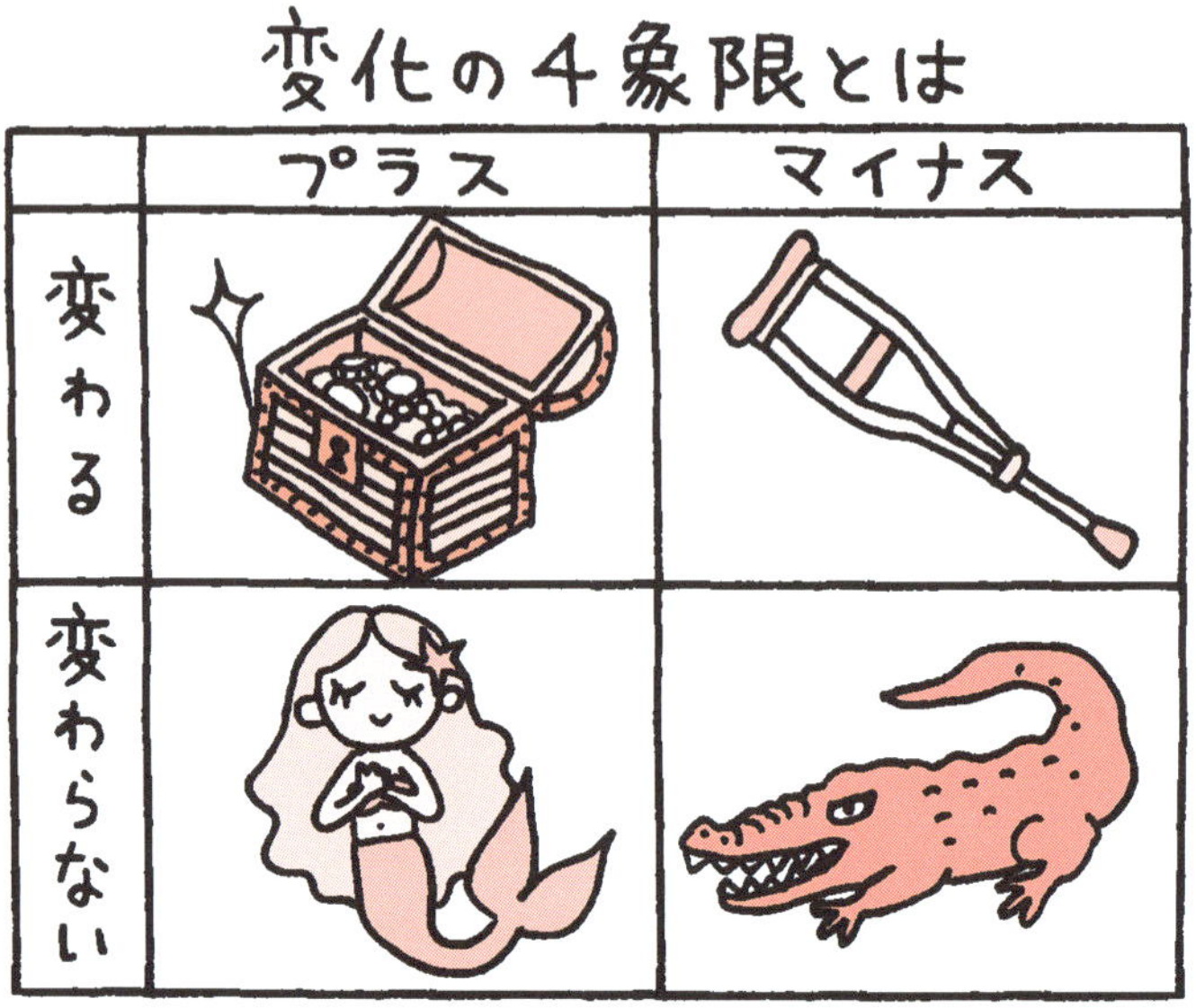

キキカンアオリ虫の発生を機に、会社の飛躍の道を切り拓く**「変化の4象限」**という思考法があるので、ここで紹介したい。

変革に対しての行動の選択肢は2つある。それは「変わる」か、「変わらない」かである。そして、その行動の結果としてあり得るのは、「プラス」と「マイナス」の2つがある。

それを4象限でまとめると上のような図になる。

「変わる」の「プラス」の象限には、変わると得られるメリットを考える。この場合はシンボルとして宝物を示している。

次に「変わる」の「マイナス」の象限

には、「変わる」と痛い目に合うかもしれない「マイナス」を考える。この場合はシンボルとして、松葉づえを示している。

さらに、「変わらない」ことの「プラス」を考える。この場合はシンボルとして、マーメイドを示しているが、人魚には足がなく、居心地のよい今の場所に留まりたいという意味である。最後に、「変わらない」ことの「マイナス」を考える。この場合は、黙っていると食べられてしまいそうなワニをシンボルとして示している。

実は、「危機感を持て！」と号令をかけるだけでは、4象限の内のワニがいる1つのボックスしか議論していない。「ワニがいるから危ない」と言っているだけだ。

大切なのは、「じゃあどうするか」、つまり何を変え、それによって何を得られるかを議論することだ。「変わる」ことによるプラス／マイナスは何か。「変わらない」ことによるプラス／マイナスは何かという、4つの局面から議論することが変革には欠かせない。

「変わる」ことのプラスが明らかなら、人のモチベーションは上がるだろう。一方、「変わる」ことのマイナスに人は怯えるものだが、「松葉づえ」が必要になるかは未来の状況なので、そうした事態を想定して今からマイナスを回避する手を打てる。マイナスを減らす手立てを打つほど、「変わる」ことでプラスの状況が訪れる確率は高まっていく。つまり、「変わる」ことを選択しない理由がなくなっていくのだ。

「変わる」ことによって得られるプラスが大きいことがわかれば、居心地のよさを優先し「変わらない」ことを選んでいたマーメイドも、「変わる」ことへの抵抗がなくなる。

この「変化の4象限」について、マツダの元会長、金井誠太氏が語っている動画があるので併せてご覧いただきたい。

［事例］じり貧から赤字に陥った会社の経営改革

世の中にない部品をいち早く開発し一世を風靡《ふうび》してきたQ社だが、国内外の価格攻勢を受けてジリジリとシェアが低下。しかも、Q社が一番儲かっている商品群に集中して勝負をかけてくる。

2代目、3代目の社長時代もじり貧状態が続き、産業界にとどろいていた尖ったブランドイメージは影が薄れ、ついに創業以来の赤字に転落、「危機感」どころか本当の経営危機に陥り、株主からの要求で社長が更迭、経営陣は刷新された。

そんなQ社の労働組合メンバー3名が、経営危機のさなか助けを求めにきた。

「『ザ・ゴール』のアニメを見て感銘を受けました。商品や技術のイノベーションではなく、オペレーション、つまり働き方のイノベーションで会社がよくなるのだと。ウチの問題は、すべてが遅いこと。だから競合の後追いになる。みんな一生懸命働いているのになんで儲からないのか、やっとわかった気がしました」

藁《わら》にもすがるつもりで相談に来たのだという。聞けば、2代目社長時代から「危機感を持て！」の大号令が経営幹部から発せられたが何も状況は改善せず、3代目も同じ号令を出すばかり。危機感をあおりながらも一向に変わらない経営の遅さに、現場は辟易《へきえき》していたという。

明らかにキキカンアオリ虫が増殖している証である。

さらに悪いことに、後ほど紹介する「DXアオリ虫」「ヨソウ虫」も危機につけ込んで現れ、DXプロジェクトが立ち上がったり、需要予測システムを導入したりするなど現場

［動画でも解説！］

は混乱。無駄な投資をしたことで、財務的にさらに厳しい状況に追い込まれていた。

組合有志が考えたのは「オペレーション・イノベーション作戦」。

現在の標準リードタイムは13週間だが、それを守れないこともあるという。最短どのくらいの期間でモノが出せるかを聞いてみると、現実の話として、クレームが経営トップに来て最優先でスケジュールを検討する時は、ボトルネックの稼働状況を考慮して納期回答をしているという。緊急の場合は1日、たいていの場合は3日間あれば十分とのことだった。

3日間のリードタイムをすべての商品で実現する「オペレーション・イノベーション作戦」を実現するとどうなるかを「変化の4象限」でまとめたのが次ページの図だ。

ご覧のように、「オペレーション・イノベーション作戦」で実現できることはいいことずくめで、むしろやらない場合のリスクは大きい。

「変わる」ことの「マイナス」も、組合という立場を活用し非公式な労使懇談会を実施したところ、「変わらなければいけないのは経営幹部ですね」と了承を得られた。

財務効果は大きかった。

オペレーション・イノベーション作戦の変化の4象限

	プラス	マイナス
変わる	◎リードタイムが短くなる ◎納期でビジネスがとれる ◎場合によっては高くとれる ◎資金繰りがよくなる ◎儲かる ◎給料とボーナスが上がる ◎経営がよくなる ◎現場もよくなる ◎組合も経営も誇りに思える	◎経営が変わらないかもしれない ◎本当にリードタイムが短くなるのか ◎本当に給料とボーナスが上がるか ◎需要予測システム投資が無駄になる
変わらない	◎変わらなくいいので楽	◎競合の後塵を追い続ける ◎会社がつぶれる ◎就職先が見つからない ◎家族が困る　◎取引先が困る ◎生活に困る　◎お先真っ暗

リードタイムが13週から3日になると、それだけで約3カ月分の棚卸在庫が減り、その分キャッシュが捻出される。それは、ＤＸ投資でドブに捨てた資金を大幅に上回る効果だった。

オペレーション・イノベーション作戦には営業も参加、3日間のリードタイムを標準として1日の場合は価格を倍にしても売れるとのこと。

こうした効果を社外取締役に示したところ、「成果が出たら社員に必ず報いてください」と応援してくれた。これを聞いた組合有志のメンバーが喜ばないはずがない。

Summary
まとめ

あなたの「常識」は正しいのか？

「ウチの会社が変われないのは危機感がないから」

こんな言葉をよく耳にするが、本当だろうか？　経営幹部が「危機感を持て！」と連呼するだけで変われるようなものは、本当の経営改革とは言えない。「変わる」こと、「変わらない」ことにはそれぞれ、「プラス」と「マイナス」の影響がある。これらを明らかにして議論することが、本当の改革の出発点ではないだろうか。

第 2 章

ダメプロジェクトの問題を解決する

Bug Profile No.05

PROBLEM

強力な納期プレッシャーで品質が落ちてしまう問題

〈納期以外は見えなくなる〉

「シワヨセ虫」

Damage：★★★★★（最悪）

DATA

［名称］**シワヨセ虫**

［主な生息地］**品質不正問題などの不祥事に揺れる会社**

［特徴］人の視神経を麻痺させ、「納期」以外を見えなくする毒ガスを放つ。最近の調査では、風通しが悪い組織で、特に納期のプレッシャーがきつく、しわ寄せが集中する現場の末端で多く発生していることが明らかになった。社会問題にもなる品質不正を引き起こす温床になりかねないため、早期発見・対策が重要である。

あの会社の品質不正・不祥事も原因は実はコレ

・仕様がいつまでも決まらない
・仕様がコロコロ変わる
・バタバタしていて集中できない
・手直し多発
・納期遅れ

いくら現場が一生懸命頑張っても、これらの状況が日常的に起きているのなら、「シワヨセ虫」があなたの職場に忍び込んでいる可能性が高い。

外部要因でいくら仕事が遅れても、納期はすでに決まっている。納期遅れは決して許されることはない。

Chapter 2

「何としても納期を守れ！」

こんな号令で、到底守られるはずがない厳しい納期に追い詰められている現場に強いプレッシャーをかけると、シワヨセ虫は人の視神経を麻痺させ「納期」以外は見えなくする恐ろしい毒ガスを放つ。この毒ガスのせいで納期以外の必要な仕事が抜け落ち、これが品質問題を引き起こす温床となる。

社内調査で「シワヨセ虫」がさらに大量発生

いったん品質不正が発覚すると一般的に、第三者による調査委員会が原因究明にあたる。不正を引き起こした現場に入った調査メンバーが一様に驚くのは、まじめに一生懸命働く現場の姿である。

誰一人、不正を起こそうと思って仕事をしている人などいない。厳しい納期のプレッシャーにさらされても、現場はなんとかしようと、徹夜さえいとわず働いている。シワヨセ虫は、こうした現場で数多く発見されている。外部要因の問題のしわ寄せがすべて組織の末端に降りてきているのだ。

調査委員会は、シワヨセ虫を大量発生させた原因を追究し、経営刷新やコンプライアンス意識の徹底、さらには組織風土改革などを提言する報告書を出す。

これを受けて、新たな経営陣は様々な改革プロジェクトを立ち上げることになる。これがかえって現場を疲弊させ、シワヨセ虫の増殖を促すことがあるので注意が必要だ。

調査が始まると、ただでさえ忙しい現場なのに、報告作業や調査協力で、仕事は一向に進まなくなる。

調査が一段落し、仕事に集中できると思ったのもつかの間、今度は再発防止のための様々なプロジェクトで忙殺される。

しかも、再発防止のために品質監査が強化されると、様々なチェックポイントができて、品質監査を通すためのエビデンス（証拠）を示す余計な仕事が増えることになる。

エビデンスを収集する作業は、現場では「アリバイ工作」などという隠語で語られることもある。こうした現場は、「チェック」「アクション」ばかりを唱える**「シーエー虫」**が好むところとなり、より事態を混乱させることもある。

様々なプロジェクトで今まで以上に手かせ足かせをはめられた現場は、それでも一生懸命頑張る。だが、こうなると、**「マルチタスク虫」**の大量発生も避けられず、混乱は極まる。

[退治方法] フルキット（万全の準備）を徹底する

こんな状況で、あなただったらどうするだろうか？　仕様が決まっていなくても、できるところからとりあえず始めようと、つい「見切り発車」せざるを得なくなるのではないだろうか？

見切り発車すると、当然ながら途中で仕様がコロコロ変わり、バタバタして集中できない状態が続く。その結果ミスが多発し手直しが増え、納期遅れを引き起こす。

1つの仕事の遅れは玉突きのように他の仕事の遅れにつながり、最悪の場合、現場は納期遅れだらけになってしまう。

これがシワヨセ虫を大量発生させることになるのだ。

このメカニズムがわかれば解決策はシンプルだ。

見切り発車を止めることだ。具体的には、1つのタスクを完了するのに必要なものが全部そろうまで、現場は仕事を始めない**「フルキット（万全の準備）」**を徹底するのだ。

「品質はプロセスでつくりこむ」

世界に冠たる品質大国、日本をつくり上げた先達の金言である。

不良品が出てからでは遅い。プロセスで不良品が出ないようにするのが王道本筋の品質管理の考え方である。

同じ考え方を開発など他の現場にも適用し、フルキットができていないタスクは現場に投入しないようにする。

モノづくり現場では常識的なことだ。

部品点数が数百点の製品は、部品1つ足りなくても、製品は完成しない。すべての段取りを整え、フルキット（万全の準備）をしてからモノづくりを開始するのは当たり前である。そうでなければ不良品が発生してしまうからだ。

Chapter 2

「フルキット」の効果とは?

では、フルキットしてから開始したらどうなるだろうか? 次のことが必然的に起きる。

1 手直しが減る
2 一つひとつのタスクに集中できる
3 仕事の質が上がる
4 早く完了する

それでも「仕様が決まらない」という最も重大な問題は解決しないのではとの疑問は残る。だが、「仕様が決まらない」ためにフルキットができず、仕事が滞留しているのは経営幹部のせいである。

「何としても納期を守れ!」と号令を出していた手前、経営幹部は自ら、取引先が仕様を決めてくれないといった外部要因を解決するために動くことになる。取引先に現場が働きかけるのと、経営幹部が働きかけるのでは、影響力が違うのは言うまでもない。

経営幹部が本当に動いてくれるのかという疑問はあるだろう。だが考えてみてほしい。品質不正で経営幹部の責任が問われたばかりで、自ら動かざるを得ない状況にある。**見切り発車要因の手直しがすべて解消すると、現場にゆとりができ、仕事の質が上がる。**必然的に品質のよいものがより早くできることになり、取引先の信頼も高まることになる。劇的な効果について併せて動画もご覧いただきたい。

［事例］名門メーカーN社で品質不正が起きた理由

「品質のN社」と呼ばれ、日本どころか世界をリードしてきた名門機器メーカーで、品質不正が長年行われていたことが発覚した。早速、第三者調査委員会が設置され、原因究明にあたった。

不正を続けていた部署の技術者たちは誰しも優秀で、まじめに一生懸命働いていた。それでもなぜ、品質不正が続いていたのかを調査すると、次のことが明らかになってきた。

N社の取引先は、自動車メーカーや公共交通機関に使われる大型車両メーカー。１００

［動画でも解説！］

年に1度の変革と呼ばれる時代において、グローバルに繰り広げられる開発競争は熾烈《しれつ》を極める。

少しでもよいものを開発したいと願う取引先の仕様確定はどんどん遅れていく。そのしわ寄せはすべてN社の現場がカバーするのが常態化していた。

これがシワヨセ虫の大量発生を招いていた。

当時、N社は官僚的な組織風土を改革するために、「第2の創業」と称した改革の真っ只中だった。たくさんの書類作成、根回し、会議の連続でなかなか仕事が進まないという組織風土を抜本的に改革するために掲げられたスローガンが、コレである。

「走りながら考えよ！」

このスローガンのもと、仕様がなかなか決まらないという状況で現場で起きた行動が「見切り発車」である。その結果、手直しが増え、仕事の質も下がり、納期はズルズルと遅れていく。その遅れを会議で報告すると、経営幹部から次のような詰問が現場に浴びせられる。

「なぜ遅れたんだ！」
「対策は打っているのか！」
「言い訳は聞きたくない！」
「できる納期を持ってこい！」

ついには「何としてでも納期を守れ！」という号令が発せられ、現場に強いプレッシャーがかけられた時、大量発生したシワヨセ虫は毒ガスを放ち、人の視神経を麻痺させ、納期以外を見えなくさせた。その結果が数々の不正だった。

◉ライバルの4倍の開発スピードを実現

早速、「シワヨセ虫」の特効薬「フルキット」が処方された。

関係者を驚かせたのはその効果だ。**わずか半年で生産性は2倍、翌年には4倍となって、ライバルより4倍も速い開発スピードを実現**し、世界中の取引先から信頼を勝ち取った。

取引先はN社の開発期間が短くなった分、仕様をじっくりと検討することができるようになった。

品質に加えて、極めて短い開発期間は現在、N社の圧倒的な競争力となっている。風土改革のスローガンであった「走りながら考えよ！」は撤廃され、「フルキット」がとって代わることになった。

業績が劇的に上がったのは言うまでもないが、それ以上に、関係者が喜んだのは、官僚的な風土が変わったことだ。ゆとりが組織を越えて取引先にももたらされ、お互いに助け合うようになった。

Summary
まとめ

あなたの「常識」は正しいのか？

「強いプレッシャーをかけると納期は早くなる」

本当だろうか？　ただでさえ忙しい現場に強いプレッシャーをかけると、現場は混乱し、より納期は遅れる。それでも「何としてでも納期を守れ！」とさらに強いプレッシャーをかけると、現場は言われた通り、何としてでも、つまり法規制などで定められたルールに目をつぶってでも、納期を守るように動くのではないだろうか？

「フルキット」を徹底すれば、仕事の質はよくなり、無駄な手直しは減り、そして品質は向上し納期も短くなる。その環境を整えられるのは現場ではない、マネジメントである。マネジメントが変われば現場が変わるのだ。

Bug Profile No.06

PROBLEM

「生成AI導入」など、バズワードに振り回される問題

〈目的より手段を優先させる〉

「モクテキワスレ虫」

Damage：★★☆☆☆

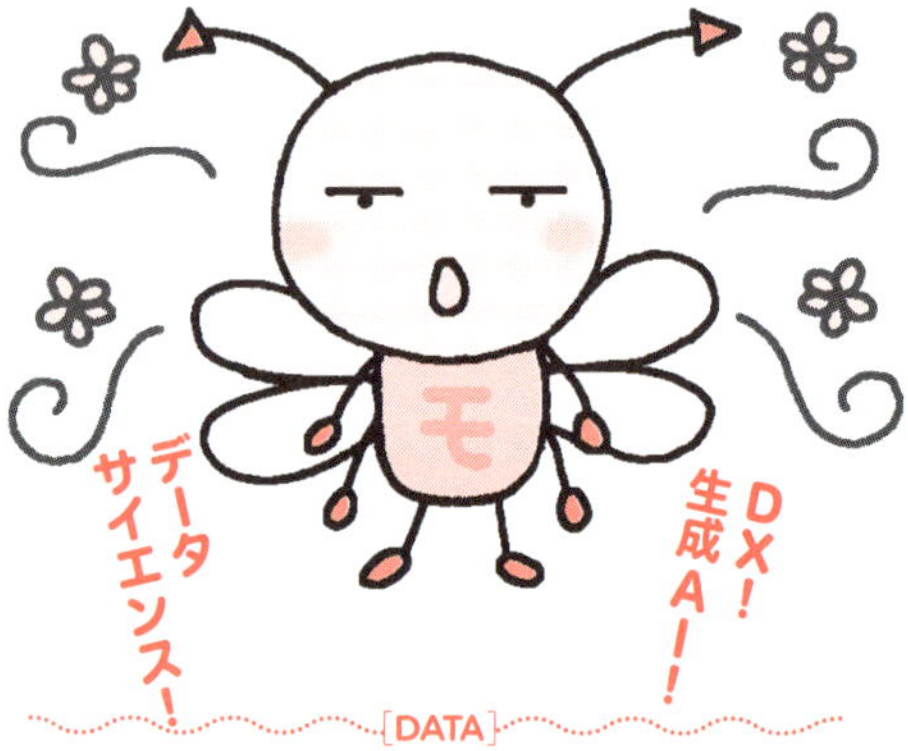

DATA

［名称］モクテキワスレ虫

［主な生息地］新システムの導入プロジェクトなど

［特徴］「シュダンスキ」と呼ばれる甘い匂いがする幻惑物質を分泌し、人の脳に作用して「目的」を忘れさせ、「手段」しか考えなくさせる。繰り返し発生した組織では「シュダンスキ」の甘い匂いがクセになり、常に新しい手段を注入しないと不安になる「手段中毒」を引き起こすことがある。お金と時間の無駄遣い以外の害は軽微である。

目的を忘れさせる幻惑物質「シュダンスキ」

「DXを加速させよう」
「生成AIの活用に乗り遅れるな！」
「これからはビッグデータの時代だ！！」
「データサイエンティストを採用せよ！！！」

あなたの会社で、そんな号令はかかっていないだろうか。

IT、ICT、ERP、MRP、SCM、CRM、SFA、Solution、Big Data、RPA、IoT、Industry4.0、DX、AI……。**新しい手法が出てくるたびにプロジェクトが立ち上がるものの、ロクな成果が出ないまま消えていく……。**

これが繰り返されている組織には、「モクテキワスレ虫」が侵入している可能性が高い。

モクテキワスレ虫は「シュダンスキ」と呼ばれる甘い匂いがする幻惑物質を放つ。

これは人の脳に作用し、目的を忘れさせ、手段のみしか考えなくさせる。ついには、手段の導入だけに夢中になり、結果はどうでもよくなってしまう。

恐ろしいのは、シュダンスキを一度嗅いでしまうと、その甘い匂いがクセになり、**常に新しい「手段」を追い求める中毒症状を引き起こすことだ。**

「手段と目的をはき違えるな！」こんな常套句で中毒に陥った人を諭《さと》そうとしても、全く効果はない。むしろ、この言葉を頻繁に耳にする組織は、モクテキワスレ虫に丸ごと侵されている可能性が高く、「目的」という言葉の意味すら忘れてしまっている。

モクテキワスレ虫は何年かに1度、パンデミックのごとく大量発生する。

その理由は解明されていないが、一説によると、シュダンスキの甘い匂いによって「手段中毒」に陥った組織では、しばらく新しい手法が入っていないと禁断症状となり、新しい手法が目の前に現れた途端、感染症のごとく一気に広がってしまうとされている。

[退治方法] シンプルな呪文「モクテキハナンデスカ？」

だが、シュダンスキの幻惑物質を解毒するシンプルな呪文があるのでここで紹介したい。それは次の呪文である。

「モクテキハナンデスカ?」

シンプルな呪文だが、効果は絶大だ。そもそもシュダンスキの幻惑物質は目的を忘れさせるため、この呪文で改めて、目的を思い出させる。もしくは忘れているのであれば、改めて設定しなおせばいいだけなのだ。

初めから「目的」を考えず「手段」に飛びついてしまうような重篤な症状の場合、目的をゼロベースで考えざるを得なくなるので効果は抜群である。

「手段と目的をはき違えるな!」という常套句と何が違うのか、と不思議に思う読者もいるだろう。だが、「モクテキハナンデスカ?」とは似て非なるものだ。

2つのセリフの文末に、その違いが凝縮されている。**「!」と「?」の違いだ。**

一方の「!」は「命令」で、相手に考える余地を与えない。もう一方「?」は「問い」で、相手に考えさせる。「考える現場」と「考えない現場」では、どちらがいいか。

自律的に課題を解決していく組織を目指すのであれば、「?」のほうがパワフルであることがよくわかるであろう。似て非なるものを混同してしまう例えに「ミソクソ」という言葉がある。「ミソ」も「クソ」も色と触感が似ているが、全く違うものであるのは言うまでもない。一生忘れられないインパクトがある言葉を考えた先達の慧眼には脱帽である。

学ぶことの最大の障害は答えを教えることではないか? それは、自分で答えを見つける機会を永遠に奪ってしまうからである。自分で論理的に考えて、答えを見つけ出すのが、人が学ぶための唯一の方法だと私は信じている。人が考えるようになるためには「!」マークよりも「?」マークのほうがよっぽどいい。

世界で1000万人が読んだベストセラー『ザ・ゴール』の著者ゴールドラット博士の言葉である。「手段と目的をはき違える」メカニズムについては、動画で解説しているのでご覧いただきたい。

[事例] 億単位のカネをかけたシステム刷新が無駄に

[動画でも解説!]

部品メーカーO社は、生産リードタイム短縮、在庫削減、そして顧客満足度を上げるために、生産管理システムを刷新するプロジェクトを立ち上げていた。だが、プロジェクトは思うように進まず、納期はすでに6カ月遅れ、予算は大幅に超過、すでに億単位を投資したシステムは使い物にならず、関係者の懸命の努力もむなしく、プロジェクトの破綻は避けられない状態になっていた。

聞けば20年ほど前に、「SCM（Supply Chain Management）」のシステム導入に失敗し1億円近くの投資が無駄になったとのこと。その後も、「ビッグデータ」の掛け声とともにサーバーを導入、データを蓄積し、「人工知能（AI）」による分析をベースに活動する「データサイエンティスト」を集めたりしたが、あまり効果は出ていない。

さらに悪いことに、最近になって「DXアオリ虫」（180ページ参照）が侵入し、今度は「DX」という手段の名のもと、20年前と同じことが繰り返されている状況であった。これは明らかに、モクテキワスレ虫がこの会社に侵入し、手段中毒が蔓延している状況で、このままでは経営危機になりかねない深刻な事態だった。

早速、「モクテキハナンデスカ?」という呪文を唱えることにした。そもそもの目的は、

「生産リードタイム短縮」、「在庫削減」、そして「顧客満足度を上げる」こと。そこで、「このシステムを入れれば、これらの目的は達成できるんですね？」とメンバー一人ひとりに丁寧に確認していくと、みんな浮かない顔で誰一人「Yes」と言わない。

しばし沈黙の後、メンバーの1人がこう言った。

「システムを入れても、在庫がどこにあるのかを見える化するだけで、どうやって生産リードタイムを短縮するかは、そこから考えるので別の話です」

◉納期遅れの解決策は「生産を遅く始める」こと

「見える化」は手段であり、目的ではないのは言うまでもない。新システムを入れても、必ずしもプロジェクトの目的＝在庫削減は達成しないことが今更ながら明らかになった。関係者の顔色は蒼白となり、「誰が失敗の責任を取るのか！」と犯人探しまでする始末。こんな不毛な議論をしていても問題が解決するわけではない。

過去は変えられない。未来は変えられる。

変えられる未来に集中するために、メンバー全員で『ザ・ゴール』を読んだ。そこでメ

生産の悪循環の図

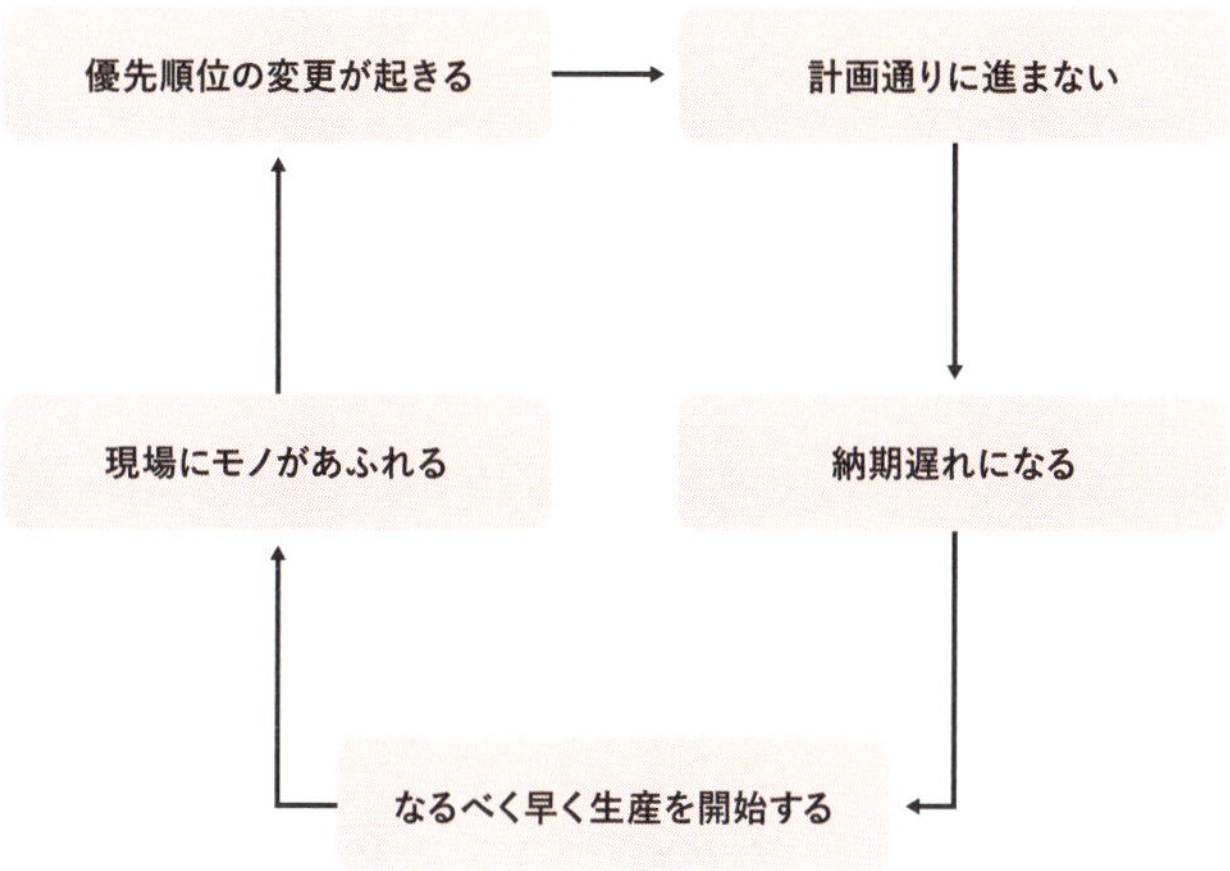

ンバーたちが気が付いたのは、**「納期遅れを防ぐには、なるべく早く生産を開始すればいい」**という考えが思い込みだったということだ。現実には、なるべく早く生産を開始すると、上の図のような悪循環が現場に起きていることが明らかになった。

この会社の標準リードタイムは8週間。それでも納期に間に合わないので、もっと早く生産を始めることもあるという。しかし、そこには落とし穴があった。

早めに生産を開始すると、8週間以上のモノが現場にあふれることになる。クライアントから督促の依頼が来ることもあり、それにより優先順位の変更が起きると、現場は混乱し、計画通りに進まなくなる。それがさらなる納期遅れを誘発し、現場はさらに早めに生産を開始するようになり、さらに現場にはモノがあふれる……という悪循環が繰り返されていた。この悪循環を断ち切る解決策は、生産管理システムを刷新することではない。

もっとシンプルなものだ。**「なるべく早く生産を開始する」ことが遅延の原因なら、「なるべく遅く生産を開始する」ようにすればいい。**

まずは生産開始を4週間遅らせ、納期までのリードタイムを半分にした。その結果、現場には半分のモノしかなくなり、納期が短くなった分、急な督促が発生しても優先順位の変更はほとんど起きず、計画が狂うことはなくなり、納期遅れがたちまち解消した。

在庫が半減したことで、その分キャッシュが生まれ、過去数十年の失敗コストを埋めて余りある成果を出した。納期が遅れなくなったことに加えて、リードタイムが競合より短くなり、顧客満足度が大幅に向上した。今、このビジネスは「異次元の成長」と世間で言われるほど成功している。

ちなみに筆者は中学・高校時代、漫研であったこともあり、アニメをつくるのが夢であった。この不朽の名作『ザ・ゴール』をアニメ化しようと思い立ち、無料でご覧いただけるようにしたので是非ご覧いただきたい。

［動画でも解説！］

Summary
まとめ

あなたの「常識」は正しいのか？

「目的と手段をはき違えるな！」

よく言われるセリフだが、それで問題は解決するのだろうか？「目的」と「手段」は明らかに違う。もしも「目的」が不在だと気付いたなら、「目的は何ですか？」という問いをしたほうが「目的」を見つけるのには効果的だと思うがいかがだろうか？

PROBLEM

不確実性の高いプロジェクト納期遅延問題

Bug Profile No.07

〈遅延の悪循環を生み出す〉

「サバヨミ虫」

Damage：★★★☆☆

DATA

[名称] **サバヨミ虫**

[主な生息地] **不確実性の高いプロジェクトなど**

[特徴] 人の心の中にある責任感を好み、それを栄養源にして急速に増殖する。主な被害として、納期遅れ、予算超過、プロジェクトの収益の悪化など。「サバヨミ虫」が大量発生しているところには、「シーエー虫」「マルチタスク虫」も同時発生することがあるので早期の対策が必要である。

「サバヨミ虫」が引き起こす深刻なダメージ

「なんとしても納期を守らなければならない」

不確実性の高いプロジェクトにおいて、納期を守らなければならないプレッシャーがかかると、そこには「サバヨミ虫」が潜んでいる可能性が高い。

サバヨミ虫が発生すると、プロジェクトメンバーは仕事の見積もりにサバを読み、必要以上の期間を見積もるようになる。

それが納期遅れの温床となっていく。プレッシャーが大きいほど、サバヨミ虫は急増することが知られている。

「サバヨミ虫」は人の心の中にある「責任感」を好み、責任感が強い人が多い組織ほど大量発生する。

そのメカニズムを理解するために、クルマで1時間かかる空港に人を迎えに行くシーンを考えてもらいたい。

友人を迎えに行くのなら、1時間半くらい前に家を出れば十分だろうと考えるだろう。会社を代表してVIPを迎えに行く場合はどうか？　渋滞などで万が一にでも遅れたら、自分だけの責任では済まない。会社の責任になる。

その場合、何時間前に家を出るだろうか？

2時間前？　空港の駐車場がいっぱいで駐車できないケースなどを考えると、3時間前に家を出たほうがいいと考えるかもしれない。いや、空港のどの出口から出てくるのか、どうやって駐車場までエスコートするのかなどと考えると、前日に乗り込んで下見しておいたほうがよいかもしれない……。

こうした違いはどこから来るのか？　友人ならば多少遅れてもゴメンと謝れば済むが、VIPならそうはいかない。**決して遅れてはならないという責任感が強く、不確実性が大きいほど、人はより多くのサバを読むのだ。**

1人でサバを読む場合は影響は少ないかもしれない。しかし、多くの関係者が関わるプロジェクトにおいては、サバヨミ虫の被害は甚大になる。

プロジェクトの納期が間に合わない事態が頻発するようになると、一般的には進捗管理の強化が対策として実施される。

しかし、これがさらなる悲劇を招きかねない。会議や報告書が増え、サバヨミ虫だけではなくマルチタスク虫やシーエー虫まで増殖しかねない。

［退治方法］サバはみんなで共有

「サバヨミ虫」に対する特効薬はなにか。「サバ」を一人ひとりで持たず、みんなでサバを持つことだ。その手順は次の通りである。

1 工程表の「責任感」からくる「サバ」を見える化する
2 「責任感」をみんなで共有する

具体的にどう進めるかを次ページの図で説明する。

まず、プロジェクトの工程表で「サバ」を見える化する。だが、「サバを読んでいる

Chapter 2

工程表の「責任感」からくる「サバ」を見える化する

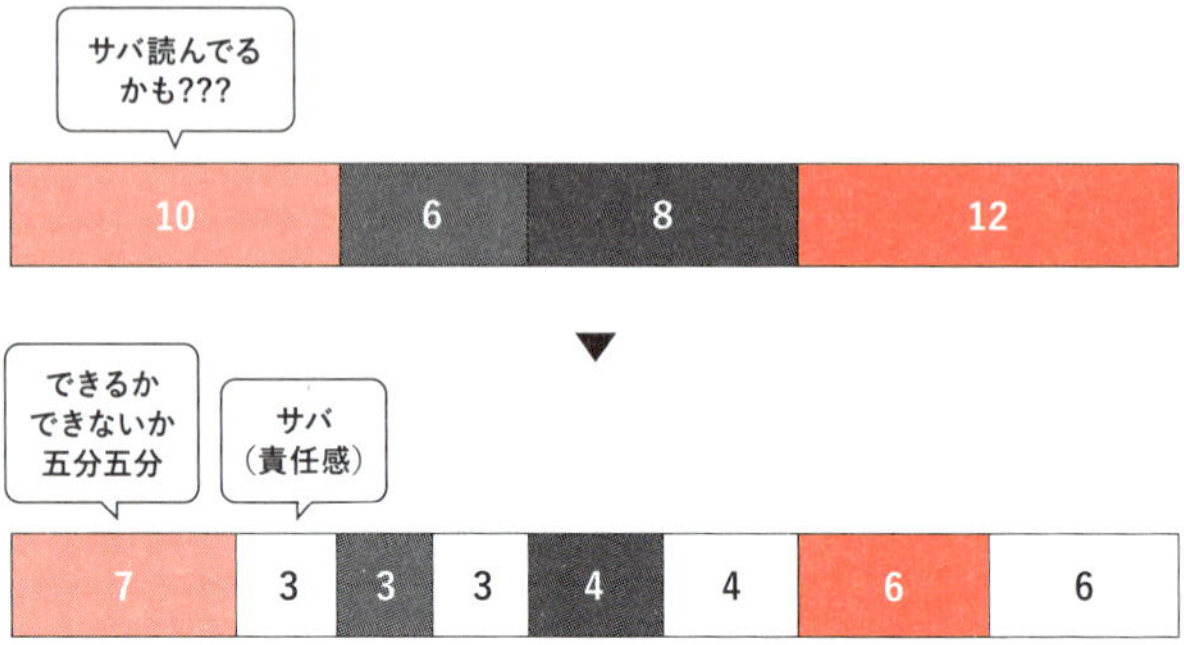

か？」などと聞いたら、「読んでいるわけがない」と反発を招くかもしれない。しかし、「責任感がありますか？」と聞けば「あります！」と現場は言うに違いない。

不確実性が高いプロジェクトで納期を絶対に守ろうとする責任感が強いメンバーは、必ず何らかのサバを読んでいる。そこで経験豊かなベテランの力も借りて、一つひとつのタスクに対して「できるかできないか五分五分」の期間と、「サバ」の期間に分ける。

経験豊かなベテランは仕事の段取りがわかっているので、期間をより正確に見積もることができる。一方、経験の乏しい若手はサバを大きく見積もり

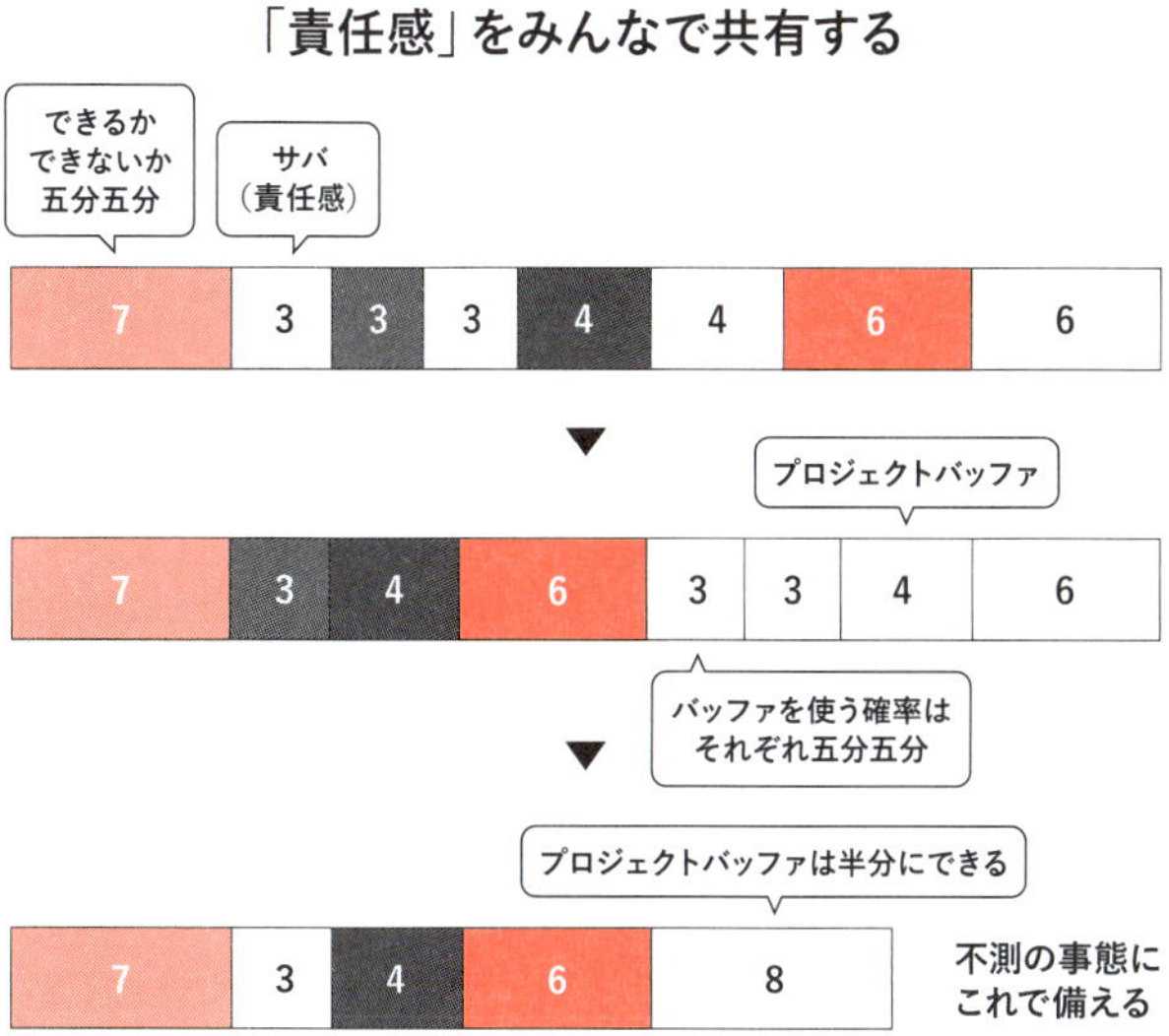

がちだ。

次に、サバをみんなで共有する。先ほど述べた通り、サバ読みはそもそも責任感によるものだ。

責任感を1人で背負うと重荷となるが、みんなで共有したら楽になる。

ならば、サバ読みもみんなで共有しようというわけだ。各自が見積もっていたサバをプロジェクト全体で積み上げて、みんなで使うサバ＝「プロジェクトバッファ」と位置付ける。

◉サバは半分にできる

しかし、積み上げたサバをすべて確保しておく必要があるかというと、そうではない。それぞれのタスクが見積もり期間内で終わる確率は五分五分、つまり50％なので、プロジェクトバッファに積み上げたサバを使う確率も50％だ。ならば、統計的な集約効果が働くため、思い切ってプロジェクトバッファ全体を半分に削減しても大丈夫だ。

このプロジェクトバッファは、不確実性に襲われた時の安全余裕、言い換えると「ゆとり」だ。もしも、バッファを残してプロジェクトが完了したら、その分はみんなで休暇をとればいい。モチベーションも上がり、休暇をとるためにメンバーは「できるかできないか五分五分」の期間で仕事を終わらせることに、創意工夫を駆使してチャレンジする。

さらに一人ひとりはもうサバ読みせず、個々のタスクにバッファを持っていないので、問題が起きると早めに上司と部下が状況を共有するようになる。そのためには、「シーエー虫」の回で解説したように、上司は「変えられる未来」に集中する3つの質問で自ら「問題を拾いに行く」必要がある。それができれば、メンバーのモチベーションはさらに上がる。

この方法論はＣＣＰＭ（Critical Chain Project Management）という。さらに詳細を学びたい人は拙著『最短で達成する　全体最適のプロジェクトマネジメント』（ＫＡＤＯＫＡ

WA）を参考にしてほしい。
また、動画でも解説をしているのでご覧いただきたい。

［事例］破綻していたプロジェクトが2週間前倒しで完了

グローバル160カ国以上で展開する医療機器メーカーC社は、ある新規事業プロジェクトで深刻な問題を抱えていた。このプロジェクトは1年前にリリースされる予定だったがズルズルと遅れ、2度も納期が変更になった。予算超過と納期遅れで多大な損失を計上し、株主の信頼を失う経営危機に陥っていた。
プロジェクトメンバーには経営陣からのプレッシャーが重くのしかかっていた。納期まで4カ月。「期限は必ず守る」とプロジェクトリーダーは断言するが、誰もが不安にさいなまれていた。

工程表には、残り4カ月でやるべきことがしっかりリストアップされている。ところが、メンバーの顔色はさえない。この納期は会社の決定で動かせないため、それに合わせる工程表を無理やり作成したのだという。不測の事態が1つでも起きたら一発アウト。即座に

［動画でも解説！］

納期遅れにつながる綱渡り状態であった。

事態を打開するために、サバヨミ虫を退治するワークショップを半日かけて開くことになった。ところが、現場からは悲鳴が上がった。

「こんなに追い詰められた状況で、新しいことを始めたらプロジェクトは混乱し、余計に遅れてしまう。勘弁してほしい」

だが、社長はこう宣言した。

「遅れの責任は私が取る。私もワークショップに参加する。だから試してほしい」

覚悟を決めた社長にそこまで言われたら、現場もやらざるを得ない。

◉プロジェクトの制約「クリティカルチェーン」

まずは、タスクを一つひとつ「できるかできないか五分五分」の期間と「サバ」の期間に分けることにした。

納期ギリギリでサバなどすでにないと多くのメンバーが思っていたが、社内の他部署や社外など、組織間の調整作業などに多くのサバが潜んでいた。サバヨミ虫は組織の中だけではなく、組織と組織の隙間にも大量発生していたのだ。

社内外との調整は現場間でするよりも、社長や経営幹部などマネジメント層が入って助けたほうが、滞留がなくなり、承認が早く進むのが一般的だ。**現場任せの調整作業が、工程を短くできない制約（ボトルネック）となっていた。**

こうした制約となるタスクのつながりを**「クリティカルチェーン」**という。このクリティカルチェーンに発生していたサバヨミ虫をすべて退治し、代わりにプロジェクトバッファを設定した。

同時に、経営幹部が担う社内外の調整作業も具体的に工程表に書き込まれ、メンバーにも経験と知恵が形式知として共有された。

ワークショップを始めて3時間で、4週間分のプロジェクトバッファを作成することに成功。「みんなのバッファ」と名付けた。「初めてプロジェクトの全体像が見え、自分のタスクがどのように貢献しているかがわかった」という喜びの声も上がった。

社長は、使われずに残った「みんなのバッファ」は休暇をとってもいい、と宣言。プロジェクトのメンバーのモチベーションは一気に上がった。

「遅れの責任は俺が取る」と宣言した社長があまりに格好よかったので、飲みに誘って話を聞いてみた。目からウロコの次のコメントを頂いた。

「これまで、何度も納期が遅れてお客様に謝ってきました。今回のワークショップはわずか半日。その遅れなんて誤差に過ぎない。半日の遅れの責任なんて、実質リスクゼロだと思いませんか？」

結果、プロジェクトは2週間のバッファを残して完了し、みんなでご褒美休暇をとることになった。「サバヨミ虫を退治すると休暇が取れる」という噂が社内に広がり、他のプロジェクトメンバーもこぞってサバヨミ虫の退治を始めた。

業績はV字回復して取引先からの評価も上昇。プロジェクトメンバーからは会社の将来を担う幹部候補が続々と誕生した。

Summary
まとめ

あなたの「常識」は正しいのか？

サバを読む行為は一般に悪いイメージがある。しかし、プロジェクトは不確実性があるのが前提で、何が起きるかわからない。納期を守らなければいけないという責任感があればあるほど、不確実性に対処するためにバッファは不可欠となる。そもそも、不確実性のないがごとく工程表を作成すること自体が間違いだ。

あなたの会社のプロジェクトの工程表にはバッファがありますか？

もしもバッファがないのなら、あなたの会社は不確実性を意図的に無視するという過ちを犯しており、サバヨミ虫が大発生している可能性が高いので注意が必要だ。

Bug Profile No.08

PROBLEM

「商品をつくっているのか、書類をつくっているのかわからない」問題

〈イノベーションを停滞させる〉

「カクニン虫」

Damage：★★☆☆☆

［DATA］

［名称］カクニン虫

［主な生息地］雲の上の組織上層部

［特徴］組織の高いところから落ちるのを極端に恐れるあまり、たくさんの確認を繰り返す。この虫が蔓延すると現場は書類づくりに追われ、イノベーションが停滞する。「リスクを恐れるな！」などと叫ぶこともあり、この矛盾がどうして起きるのかは各地で研究対象になっている。「シーエー虫」が雲の上の手の届かないところに上がると「カクニン虫」に変異するとの説もある。

イノベーションの邪魔をする「カクニン虫」

「商品をつくっているのか、書類をつくっているのかわからない」

こんな悲鳴が現場から聞こえてきたら、あなたの職場を「カクニン虫」が混乱させている可能性がある。「カクニン虫」が発生すると、商品開発より会議のための書類作成が優先され、現場は疲弊し、モチベーションが急激に下がる。最悪の場合、退職者が続出する。

「カクニン虫」は主に組織の標高が高いところを好み、普段は雲の上に生息している。ところが、定期的に現場に下りてきて会議に参加し、**「コストは？」「市場規模は？」「競合は？」**などと質問攻めにする。

現場は想定される質問に答えるために会議書類の作成に追われ、「マルチタスク虫」が大量発生する。現場の開発効率は当然ながら劇的に下がる。

Chapter 2

すると、「カクニン虫」は「リスクを恐れるな！」「チャレンジしろ！」と気まぐれなことを言うようになる。リスクを徹底的に確認しチャレンジできない風土をつくりながら、一方で、リスクを恐れずチャレンジを推奨する矛盾した行動はなぜ起きるのかは、未だに解明されていない。

そんな現場の状況に、普段は雲の上にいる「カクニン虫」が気付くことはほとんどない。**確認を繰り返すことで、現場のイノベーションを支援する「益虫」と勘違いし、自己満足している場合が多い。**雲の上が、すみかなので手が届きにくく、退治するのは極めて困難である。

「イノベーション推進室」の設置は逆効果

イノベーションが停滞した状況を打破することを目的に、「イノベーション推進室」など専門組織を設置すると問題はさらに深刻になる。専門組織ができたことで、既存の事業を手掛ける組織はイノベーションを起こそうという意欲が低下する。

専門組織は孤立した離れ小島となり、優れたアイデアが出ても既存組織の協力を得られず事業化できないといった事態に見舞われる。

この状況を何とかしようと、「イノベーション推進会議」などを事業部と一体となってやるようになるとさらに問題は深刻になる。

関係部署の経営幹部の数が増え、雲の上からさらに多く「カクニン虫」が下りてきて、会議に大量発生して確認を繰り返すことになる。すると、「イノベーション推進会議」はイノベーションを加速するどころかブレーキをかける関所となってしまう。こうなると、経営幹部は、**「経営患部」**と現場から揶揄《やゆ》されかねない。

〔退治方法〕「最初から共生する」

「カクニン虫」を退治する特効薬はシンプルだ。**アイデアを発想する段階から、雲の上の「カクニン虫」を巻き込むこと、つまり、共生の道を探るのだ。**この解決策は、一般に難易度が極めて高いと思われているが、実際に試してみると意外とできる。

カクニン虫も、本当はイノベーションを邪魔してやろうとは思っていない。むしろ、何とかしたいという思いは現場に勝るとも劣らない。

激しいグローバル競争の中、組織のトップにとってイノベーションを加速させることは最重要課題だ。イノベーションが停滞すれば株主からの評価が下がる。カクニン虫は、先

Chapter 2

行きが見えない雲の中で悶々《もんもん》としているのが現実だ。

10年後に世の中のどの課題を解決するか

では、カクニン虫をどうやって初期段階から巻き込むか。多くの場合、ワークショップを開くだけでいい。それも、1日で十分だ。

イノベーションに関わるカクニン虫は、そもそも組織のキーパーソンであることが多い。ましてや雲の上の経営幹部となれば、何日も日程を確保するのは難しい。だが1日、例えば週末なら可能性はある。一般社員も代休を取れば労務管理上も問題はない。

ワークショップで取り組む問いは、ただ1つ。**「10年後、世の中のどのマイナスを解消するか」**だ。マイナスが大きいほど、その解消は大きなビジネスになる。

「10年後」という設定にも重要なトリックがある。現場に近いメンバーほど、日々の仕事で常に結果を求められている。10年後に設定するのは、近視眼的になりがちな発想から抜け出すためだ。

ワークショップに参加するのは経験豊かな経営幹部や、組織の壁を越えて集まった優秀なメンバーたち。10年後のビジネスを議論すれば盛り上がるはずだ。

狙いを定める課題が明確になれば、その場で議論し商品コンセプトをつくってしまおう。イノベーションは専門部署だけで起こせるものではない。営業、マーケティング、広報、宣伝、調達、開発、生産、さらには財務などの支援も欠かせない。ワークショップで関係者があらゆる視点で議論すれば、実現したいコンセプトを会社全体で最初から共有できる。

多くの開発者が嫌うのは、商品コンセプトが明確でないがゆえに、他の部署から「後出しジャンケン」のように後から様々な要望が噴出して、手戻りが次々と起きることだ。

コンセプトが最初から明確なら、開発の焦点を絞ることができる。誰しも、自分が関わったアイデアはかわいいし、何とか実現したいとモチベーションはおのずと高まる。

最も重要なのは、雲の上に住むカクニン虫も最初から参加しているので、後からダメ出しすることがなくなる点だ。むしろ、カクニン虫の強みである豊富な経験と人脈を生かし、コンセプトの実現に必要なリソースをかき集めてくれるはずだ。もはや、イノベーションにブレーキがかかることはない。

このプロセスの詳細は『優れた発想はなぜゴミ箱に捨てられるのか?』(ダイヤモンド社)を参照してもらいたい。また、動画でも解説しているので参考にしてほしい。

［動画でも解説！］

[事例] ワークショップでカクニン虫が応援者に

メーカーF社は、年々縮小する市場と激しい競争により、創業者が立ち上げた事業で商品がコモディティー化して赤字が続いていた。物を言う株主からの強い圧力もあり、事業撤退の必要性がささやかれていた。方針を決定する役員会まで2週間。すでに撤退に向けて社内調整が始まっていた。

F社はこれまで、祖業の技術力とビジネスモデルを礎に事業を拡大してきた。だが、最近は価格競争に見舞われ、1円、1銭という血のにじむようなコスト削減をしても、売り場ではディスカウントが繰り返され、先が見えない状況に陥っていた。

早速、週末に1日のワークショップを開くことになったが、最大の難関はカクニン虫をいかに巻き込むかだった。だが、カクニン虫は会議などで定期的に雲の上から下りてくるので、その機会に捕まえて参加を打診すると快諾してくれた。カクニン虫も、この苦境を何とかしたいと実は願っていたのだ。雲の上のカクニン虫が参加するとなると、他のキーメンバーも参加しないわけにはいかず、組織の壁を越えて集まった。

「10年後に世の中のどのマイナスを解決するか」

メンバーの一部に、「その頃は定年してるし、責任はとれないけど……」と苦笑する者もいたが、徐々に自由な発想のアイデアが出てくるようになった。午前中だけで、数十のアイデアが集まった。

午後は、出てきたアイデアをコンセプトに落とし込む。その際、実現する上での障害も明らかになった。

別の見方をすれば、これは参入障壁にもなる。午後4時、突破すべき技術課題と、それを克服する特許のアイデアが技術メンバーから出てきた。

なお、このワークショップでは「ドーピング」をオッケーとした。ビールを片手に議論を進めると、振り切ったアイデアがさらに出て、よりとがったコンセプトが出来上がった。

◉運命の役員会、社長が「撤退」を覆す

「こんな商品を出さず、事業撤退するのはあまりにもったいない！」

メンバーが口々にそう言うほどワークショップは盛り上がった。技術陣は、「これ1本

に集中すれば半年でできる」と言い、営業は「全国のチェーン店も喜んで協力してくれるはず」と賛同した。販社に売り込むため、CGで「仮想カタログ」をつくることになった。広報が手を上げ、「それなら私は『仮想プレスリリース』を書きます！」と宣言した。

事業撤退するかを決める役員会当日、会議資料の中にこの「仮想カタログ」と「仮想プレスリリース」を潜り込ませた。数字だけの味気ない資料のなかでひときわ注目を集めたのは言うまでもない。

「これはなんだ?」と社長の問いに「今、検討している新しい商品です」とメンバーが答え、このカタログの説明から議論は始まった。

社長は一通り話を聞くと、「社長直轄プロジェクトとして進めよう。必要な支援は何でもする。今期中に出したい」と前のめりになり、事業撤退の話はどこかに吹き飛んだ。「誰が事業撤退するって言ったのか?」などと言い出す始末で、議論は大いに盛り上がった。

社長直轄ともなれば、カクニン虫の応援も加速。実際、予定よりも2週間早く商品は完成し、リリースされた。今やこの商品はこの事業の看板商品となり、収益の柱にまでなっている。

Summary
まとめ

あなたの「常識」は正しいのか？

失敗しないようにカクニンを繰り返すと、イノベーションがうまくいく。

本当だろうか？　それが、もしもブレーキの作用しかなく、イノベーションプロセスに滞留を招いているのであれば、もしかしたら、あなたの職場には「カクニン虫」が潜んでいるかもしれない。

組織の高いところにいる「カクニン虫」も本当はイノベーションを加速させたいと思っている。ならば、最初に巻き込んで、応援者に変えてしまおう。

Bug Profile No.09

PROBLEM

反対意見続出でとん挫するプロジェクト問題

〈とにかく変化を嫌う〉

「テイコウ虫」

Damage：★★★☆☆

[DATA]

[名称] テイコウ虫

[主な生息地] 経営改革や行政改革の渦中。「変える」という言葉の周囲

[特徴] 「変える」という言葉を嫌い、抵抗する。群れを成すことが多く、その群れは「抵抗勢力」と呼ばれる。危険なのは「抵抗勢力」と周囲からレッテルを貼られると、さらに激しく抵抗する習性がある。テイコウ虫が大発生した組織では変革がとん挫し、組織そのものが瓦解《がかい》する恐れもあるので注意が必要である。

「変える」という言葉を嫌う「テイコウ虫」

Yes, but……（その通りだと思いますが、しかし……）

もし、そんな声が聞こえてきたら、そこには「テイコウ虫」が潜んでいる可能性が高い。**テイコウ虫は、「変わる」という言葉を嫌い、変化が求められる新しいアイデアや提案に敏感に反応する。**特に、経営改革の場面において、キラキラとしたスローガンとともに「変わる」という声明が経営幹部から発せられると、光に集まる蛾《が》のごとく群れをなし、抵抗する。

テイコウ虫の群れに「抵抗勢力」というレッテルが貼られようものなら、事態はより深刻になる。テイコウ虫は徒党を組んで組織を分断し、変革推進派と徹底的に対立する。組織は停滞し、事業の業績が急降下することさえある。

テイコウ虫が得意なのは「うまくいかない理由」を次々と挙げることだ。変革派はいら立ち、強引に変革を進めようとする。それがさらにテイコウ虫に栄養を与えることとなり、増殖させてしまう。最悪の場合、変革がとん挫し、組織そのものが危機に陥る。

「生き残るのは変化する者」に激しく反応

大きな群れを成したテイコウ虫を一掃するために、一般に広く使われる武器は偉人の言葉の引用だ。

「最も強い者が生き残るのではなく、最も賢い者が生き残るのでもない。唯一生き残るのは、変化する者である」

誰もが知るダーウィンの言葉だが、そんな偉人の言葉を振りかざしても「テイコウ虫」には全く効き目がない。テイコウ虫はそんなことはとっくの昔から知っていて、すでに耐性を備えているのだ。

〔退治方法〕敵から味方に変わる、3つの質問をする

敵に回すと厄介なテイコウ虫だが、拙速に退治しようとしてはいけない。さらに抵抗が激しくなるからだ。むしろ、頼もしい味方にできることが近年判明した。

それはテイコウ虫が発する、〝Yes, but……〟という鳴き声を解析することから始まった。一見抵抗しているように見えるテイコウ虫だが、彼らの鳴き声は、〝Yes〟から始まる。つまり「変わる」ことには本来は賛成しているのだ。

なぜ、Yesの部分が伝わらないのか。それは、〝but〟の後にテイコウ虫から発せられる様々な鳴き声がとにかく大きいからだ。それこそが、テイコウ虫が本当に心配している懸念事項だからである。

これは、テイコウ虫に対処する上で極めて重要な発見である。つまり、テイコウ虫は「変える」と起こりうる懸念事項を前もって教えてくれている。変革が本格化する前に懸念事項への対処方法を明確に示しておけば、問題は起きないことになる。

実は、テイコウ虫を害虫として捉えるのではなく、**直面しうる課題やリスクをあらかじめ教えてくれる益虫として活用することができる**のだ。

しかも、懸念事項が考えられるということは、現場に関して豊富な経験や優れた直感を持ち、ロジカルシンキングもできる可能性がある。そんな益虫を使わない手はない。テイコウ虫を仲間に取り込むことこそ、変革をスムーズに進める最良の手段なのだ。

テイコウ虫を仲間に取り込むのに必要なのは次の3つの質問だけだ。

1「懸念事項はありますか？」
2「この懸念事項が起きる理由はなんでしょうか？」
3「この理由を解消するうまい手はありませんか？」

キモは2つ目の質問だ。懸念事項が起こるのには理由がある。その理由を解消すれば、懸念事項はもう起きないのだ。このプロセスによって、抵抗勢力に見えた「テイコウ虫」は、変革の成功に欠かせない応援勢力として力強い味方になる。このプロセスについては動画でも説明しているので参考にしてほしい。

［動画でも解説！］

［事例］レッドオーシャンに陥った企業の中期経営計画

創業から売上高600億円までは右肩上がりで急成長してきたH社。600億円を超えた頃から厳しいグローバル競争に巻き込まれてレッドオーシャンに陥り、売上高はここ数年で500億円まで落ち込み極めて厳しい状況となっていた。

なんとか立て直そうと、各部門から会社の将来を背負う精鋭たちが集められ、経営陣と一丸となって10年後に売り上げ倍増、1000億円を目指す中期経営計画が立案された。これまで培ってきたコア技術とビジネスネットワークを活用すれば、今の事業と同等以上の売り上げになるという野心的なものであった。

だが、中期経営計画が発表されると、社員からは〝Yes，but……〟が止まらない。しかも、Yesの声は聞こえないほど小さく、Butの声ははるかに大きい。「おっしゃることはわかりますが……」と前置きをした後に、次々と出てくるセリフは、

「今でさえ、ギリギリのリソースでやっているのに新しいことに取り組む余裕なんかない」

「競合にまねされたら、またレッドオーシャンになる」
「予算の余裕なんかない」

などなど。事態収拾のため、変革派は「我々は変わらなければならない」と力説。ついには、「最も強い者が生き残るのではなく、最も賢い者が生き残るのでもない。唯一生き残るのは、変化する者である」と偉人の言葉にまで頼る始末だった。

さらに悪いことに、「ブルーオーシャン〇〇〇〇」というキラキラネームが中期経営計画に冠されたこともあり、テイコウ虫がどんどん集まり、改革はとん挫。「会社の害虫」の対処に定評のある弊社に連絡がきた。

◉テイコウ虫は頼もしい応援勢力へ変異

さっそく半日のワークショップを実施した。群れを成した抵抗勢力も交えて行ったのは、先ほどの2つ目の質問だけである。

「懸念事項はありますか?」と問いかけ、付箋《ふせん》に書き出してもらう。

テイコウ虫が得意なのは「できない理由」を挙げることだから、どんどん出てくる。出し切るまでに1時間ほどかかったが、一人ひとりの懸念がみんなの前で書き込まれていく様子をみて、テイコウ虫も少し落ち着いた様子となった。

集まった懸念事項の数は優に50を超えた。次はメンバーの出した懸念を一つひとつ丁寧に読み上げる。

「この懸念事項が起きる理由はなんでしょうか？」と質問すると、懸念事項を挙げた本人から理由が出てくる。

その理由さえ消せば、もう懸念事項は起きない。

「この理由を解消するうまい手はありませんか？」と質問し、重大な懸念事項から的を絞って解消方法を参加メンバー全員で知恵をひねる。この場にいるメンバーは会社の将来を担う精鋭たちである。

懸念事項を口にした本人だけでは解決できない問題でも、みんなの知恵を集めれば解決できないことはない。

Chapter 2

時に、トップが自ら動くことで制約を外し、懸念事項を解消していった。

セッションが始まって2時間。まだ懸念事項は5つほどしか解消していないが、面白いことに参加者が気付いた。50を超えた懸念事項の数々は、最初に議論した5つほどの重大な懸念事項の議論でほとんど解消されていたのである。

自由に語ってもらって集めた懸念事項のほとんどが同じことを別の表現でしているだけだったのだ。

お気付きだと思うが、このプロセスの中で、プロジェクトの成功に向けて起こりうる懸念をすべて解消したことになり、プロジェクト成功の道がより確固たるものになったのは言うまでもない。ちなみにこの「ブルーオーシャン○○○○」の目標は6年前倒し、わずか4年間で1000億円を超えて現在も成長し続けている。

当時を振り返り、H社のCEOは語る。

「抵抗勢力としてレッテルを貼ってしまった当時の自分が恥ずかしい。あの時の懸念事項を消していなかったら、本当にプロジェクトが失敗していたのは間違いない。テイコウ虫こそ、プロジェクト成功に欠かせない益虫だ」

Summary
まとめ

あなたの「常識」は正しいのか？

Yes, but……

この反応を聞いた時、もし、あなたが抵抗だと認識したら、それは大きな応援勢力を自ら失うどころか、敵にしている可能性がある。

会社を悪くしようと思っている人なんかいない。よくしようと思っているメンバーを敵に回すような愚かなことをせずに、3つの質問を試してみるとよいかもしれない。

Yes!
一緒に会社を良くしよう!

第3章

あなたをダメにする問題を解決する

Bug Profile No.10

PROBLEM

優秀なのに、新しい挑戦を怖がってしまう問題

〈チャレンジ精神を失わせる〉

「シッパイコワイ虫」

Damage：★★★★★

[DATA]

［名称］ シッパイコワイ虫

［主な生息地］ 減点主義がはびこる会社。失敗を怖がりチャレンジを避ける人

［特徴］ 人の成長を阻害する「ゲンテンシュギ」という毒物を人に刺す害虫。「シッパイコワイ虫」に刺されると、人は減点主義を恐れるあまり、自己防衛本能が暴走し、新しいチャレンジを避けるようになる。その結果、人の成長を止めてしまう。社内で大量発生すると、会社全体の成長を止めてしまうことになりかねないので早期治療が重要である。

「減点主義」の会社は、なぜ無気力になっていくのか？

「こんなに優秀な人なのに、なぜ失敗を怖がってチャレンジしないんだろう……」

このような疑問が浮かぶ人がいたら、その人には「シッパイコワイ虫」が寄生しているかもしれない。シッパイコワイ虫は、自己防衛本能を暴走させる「ゲンテンシュギ」という毒素を人に注入する。注入された人は新しいチャレンジを避けるようになり、成長を止めてしまう恐ろしい寄生虫だ。

「失敗を恐れるな！　チャレンジしろ！」

こんな号令を出しても、ゲンテンシュギの毒素に侵された人の目が覚めることはない。

特に「成果主義」という美名のもとで、現実には「減点主義」がはびこっている職場をシッパイコワイ虫は好み、増殖する。

社内でシッパイコワイ虫が大量発生すると人の成長を妨げるだけでなく、会社そのものも保守的になり、成長の可能性が閉ざされ、組織が崩壊し、じり貧となってしまうので最大の注意が必要だ。

そもそも失敗とは何か？

「失敗しようと思って失敗する人はいるだろうか？」

おそらくいないはずだ。失敗には理由がある。その理由を見逃したことが、失敗を招いたわけだ。**責めるべきは失敗した人ではなく、見逃した理由である。**その理由さえ解消すれば、同じ失敗を繰り返すこともない。それが組織の学びになる。

ここで失敗という言葉を辞書で調べると次のように定義されている。

【失敗】

やってみたが、うまくいかないこと。しそこなうこと。やりそこない。しくじり。「説得に—する」「—作」失敗は成功のもと

［広辞苑　第七版］

つまり失敗とは、「思ったこととは異なることが起きた」ということだ。そこから学べば同じ失敗を繰り返すことはなくなるし、自分の成長につながる。

開発や研究に携わるエンジニアなら、日常的に実験を繰り返しているはずだ。実験が最初から思い通りに進むことなど、ほとんどない。**それを「失敗」と考えずに、想定外のことが起きた理由を探り、次の実験に生かす。その繰り返しが学びとなるのだ。**

人は失敗を楽しむようにできている

実は、人は失敗を楽しめる生き物だ。ゲームをした時のことを思い浮かべてほしい。一度も失敗せずラスボスまで倒せる簡単なゲームは、はたして楽しいだろうか？

きっと楽しくないはずだ。何度も失敗し、試行錯誤しながらラスボスにたどり着くからこそ、楽しめる。つまり、人は失敗を楽しむようにできている。このことについて考察した動画があるので参考にしてもらいたい。

多くのゲームは有料だ。失敗が楽しいからお金を払っているとも言える。他方、仕事では逆にお金をもらえる。失敗を楽しめて、お金までもらえるなら、最高じゃないだろうか。

［動画でも解説！］

［退治方法］「ミステリー分析」で成長を楽しむ

「失敗から学ぶ」ことを組織で簡単に実践できる**「ミステリー分析」**という方法があるので、ここで紹介したい。

プロセスはシンプル。ボックスの中を埋めていくだけだ。

1 「こうなるはず」と思ったことを書く
2 その結果を出すためにやったことを書く
3 思ったようにいかない結果を書く
4 それを引き起こした「思い込み」を考える
5 その「思い込み」を解消する手段を考える

このプロセスを組織で活用すれば、もはや成果主義でもなく、減点主義でもなく、失敗から学び成長し続ける、いわば「成長主義」となるのだ。

「ミステリー分析」とは

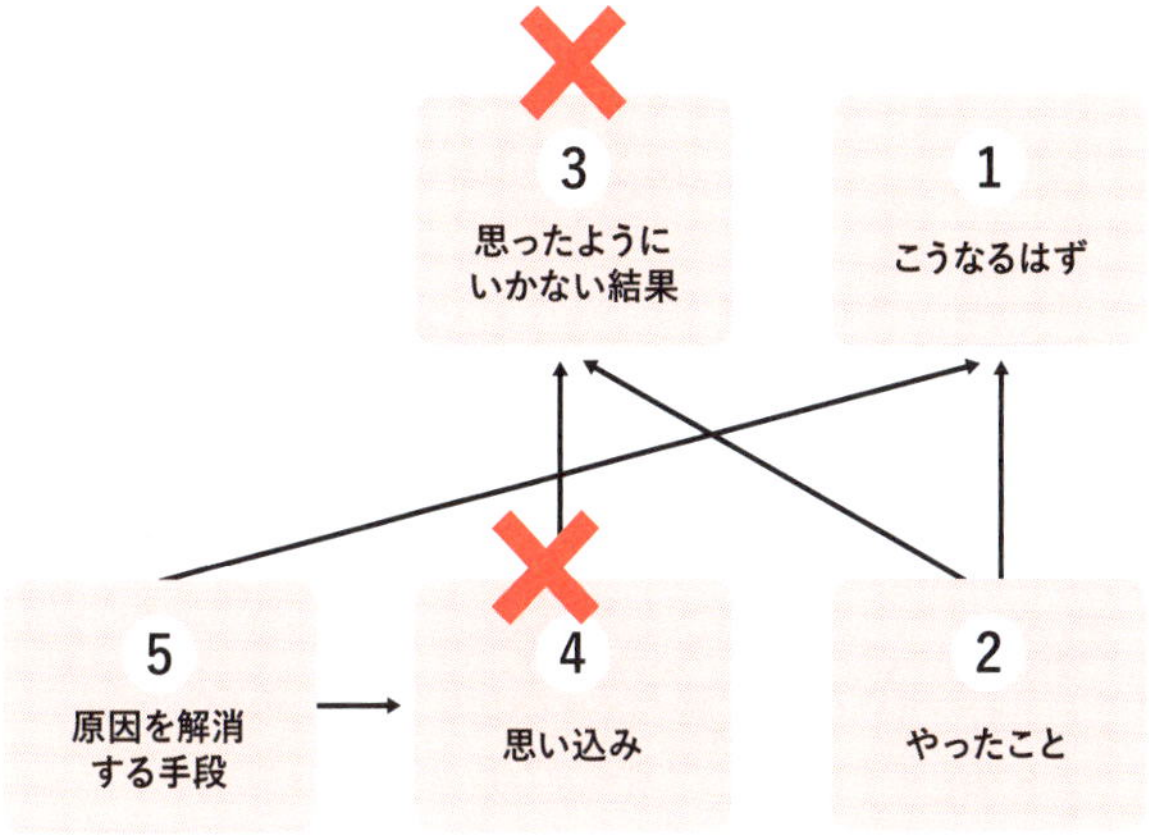

ミステリー分析については「科学的仮説を定義する仮説の論理構造とよりよい社会の可能性」という論文も発表している。全体最適のマネジメント理論TOC（Theory Of Constraints）は自然科学と同じレベルの科学理論と言えるのかを真正面から議論し、さらに、それを活用した「ミステリー分析」の事例を書いている入魂の作なのでご一読いただきたい。

また新社会人にも活用してもらえるように解説をしているので併せてご覧いただきたい。

［論文はこちら！］

［動画でも解説！］

［事例］失敗が許されない会社は、どう変革したのか

グローバルにそのブランドを広く知られるR社。ハードよりもソフトウェア開発が商品開発の制約となり、業界の構造が変わるにつれ、急速に競争力が衰え、新商品開発においてはグローバルプレーヤーの後塵《こうじん》を拝することが常態化していた。

この状況を何とかしようと、CEO（最高経営責任者）は「ソフトウェアのR社になる」と高らかに宣言。ところが相次ぐ品質問題が発覚し、競合にさらにシェアを奪われ、「R社の時代は終わった」とメディアに指摘される始末。

ブランドイメージは低下し、それとともにソフトウェアエンジニアの離職も相次ぎ、プロジェクトはますます遅れる厳しい状況に置かれていた。

そんな中、米国の技術者が、たまたま筆者の本『WA Project Management by Harmony』を読み、このような「和」を創り出すプロジェクトマネジメントを実践してエンジニアの離職を減らしたいと、助けを求めてきた。

R社は以前の輝きこそは薄れたものの、技術者の就職人気ランキングでは常に5本の

指に入る。優秀な人が多いため必然的に社内競争は激しく、一度でも失敗したらキャリアの命取りになるほど「失敗は決して許されない」という厳しい環境だったのである。

さらに人事コンサルティング会社から指導を受けて目標管理制度を導入。目標管理制度は年に1回の成果評価を運用していたが、実際には上司が面談で1年近く前のミスを指摘するなど減点主義が横行。

まさにシッパイコワイ虫の増殖を促し、ゲンテンシュギを人に刺しまくる環境となっていた。

こうした状況の中で、何らかのバグ(これも害虫だが……)が発生してもなかったことにする「先送り」が常態化。その連鎖が品質問題の温床となり、正義感のあるエンジニアから辞めていった。それが高い離職率の原因となっていた。

◉人を責めずに「思い込み」を責める

こうした悪循環から抜け出すために、早速「ミステリー分析」を実施した。人を責めずに「思い込み」を責めるというのは科学者の考え方と同じで、エンジニアにはすぐにしっくりと来たようだった。互いに責めあっていた状況が一変、メンバーみんなで「思い込み」を見つけ、それを解消する議論は大いに盛り上がった。

彼らが見つけた思い込みは**「バグが発生するのは技術力不足」だと考え、優秀な技術者を雇えばなんとかなると考えていたこと**だった。

だが、真の原因は、現場に「マルチタスク虫」が侵入し、あれもこれも最優先で仕事を進めていたことで、それが多くのバグの発生原因となっていた。

早速、「マルチタスク虫」の特効薬も同時に処方することになった。

驚いたのは、その成果だ。わずか4週間で、バグは10分の1以下となり、ほとんどの手戻り、手直しは解消。大幅なコストダウンを実現するとともに、現場には「ゆとり」が生まれた。

本来優秀な人ばかりが入っている会社である。その優秀なメンバーが本来の能力を思う存分発揮するようになり、余った予算と時間的「ゆとり」を使って世の中を驚かせるイノベーティブな商品を開発。当然ながら、世の中から高く評価されるようになった。

Summary
まとめ

あなたの「常識」は正しいのか？

「失敗を恐れるな！　チャレンジしろ！」

それでみんなチャレンジするようになるだろうか？　減点主義の環境では、人は本来の能力さえ発揮できていない可能性さえある。失敗のないゲームはつまらないように、失敗のない仕事もつまらないはず。「学習する組織」にしたいなら、失敗を人のせいにせず、「思い込み」のせいにしたらいかがだろうか？

Chapter 3

Bug Profile No.11

PROBLEM

学業優秀だったのに仕事ができない問題

〈正解を探してしまう〉

「ヨイコノノロイ虫」

Damage：★☆☆☆☆

[DATA]

[名称] **ヨイコノノロイ虫**

[主な生息地] **子どもの頃から成績優秀だった社員の周辺**

[特徴] 正解を見つけ、褒められるのが大好きになる「よい子の呪い」をかける。この呪いをかけられると、「正解」のある学校では目立つ存在になるが、「正解」のない社会では成果を出せない。正解探しのクセが治らなければ、せっかくの頭脳が生かされない悲劇に見舞われるので早期対策が必要である。

「正解のある」学生時代から、「正解のない」社会人生活に戸惑う人

「学校では成績優秀だったのに、仕事ではなぜ結果を出せないんだろう？」

そんな悩みを持っているあなたには「ヨイコノノロイ虫」が取りついている可能性がある。「ヨイコノノロイ虫」は、「いい成績をとって褒められたい」という人の気持ちにつけ込み、成績優秀な生徒に子どものころから寄生し、**「よい子の呪い」**をかける。

ヨイコノノロイ虫に寄生されると、勉強が大好きになり、教科書から正解を学び、成績がどんどん伸びる。すると「よい子」だと周囲からほめられ、さらに勉強が好きになり、成績が上がり続ける。

このため、ヨイコノノロイ虫は今までは益虫として珍重されてきた。

だが、ここに大きな落とし穴があることが昨今明らかになってきた。学校を卒業し、社

会人になると、変化が激しく、競争の厳しい世の中にさらされる。
そこは、昨日までの正解が、今日は不正解になる世界。正解を探し続けてきたよい子たちは、途方に暮れることになる。

MBAで状況はさらに悪化

この状況を打破しようと、正解を求めてMBAなどの社会人学校に通うようになると状況はさらに悪化する。 教科書に並んだケーススタディと言われる過去問は、ヨイコノノロイ虫が寄生した勉強好きのよい子たちには大好物。水を得た魚のごとく、再び「学業」に没頭する。

しかし、**教科書にある過去問はあくまでも過去の話。** 真似をしても、他社の後追いになるだけで、実際の仕事で成果に結びつく可能性は低い。結局、MBAを取得して職場に復帰しても、その知識はあまり使い物にならず、相変わらずパッとしない。

むしろ、MBAで得た知識をベースに「○○会社では……」などと「正解」例を語り始め、周囲からは「出羽守《ではのかみ》」と煙たがられてしまう。

「どうやったら昔のように『よい子』にもどれるんだろう？」そんな悩みが続くとメンタルヘルスを害しかねない危険な状態が続くことになり、せっかくの優秀な頭脳が使われず、人生を台無しにしてしまいかねない。それは、本人のキャリアにとって大きな痛手であるほか、会社にとっても大きな損失である。

［退治方法］「正解を探す」のではなく「創る」

ヨイコノノロイ虫の退治法は、シンプルだ。**「正解を探す」クセを直し、「正解を創る」ように頭の使い方を変えるだけである。**

教科書に載っている様々な過去問の答えは、すべて誰かが創ったものだ。ならば、現実の問題、現在進行形の問題を自ら解き、自分で正解を創ってはどうか。

変化の激しい時代、新たな問題を解くチャンスは毎日いくらでもある。

もし、自ら解いた「答え」が目覚ましい成果をもたらしたなら、それが次の教科書に「正解」として載ることもあり得る。

そもそも、「正解」とはなんだろう。辞書にはこう書いてある。

【正解】
①正しい解釈。正しい解答。
②結果として、よい選択であること。
［広辞苑第七版］

要するに、やったことが結果としてよい選択だったと評価できれば、それが「正解」になるというわけだ。

実は、結果には3種類しかない。「思った通りの結果」「思ったより悪い結果」「思ったよりよい結果」である。

「思った通り」の結果なら、それは間違いなく「正解」だ。
では、「思ったより悪い結果」の場合はどうだろうか？

思ったことと異なる結果が起きたのだから、これは明らかに「失敗」である。しかし、「思ったより悪い結果」を招いた理由がわかったら、それさえ解消すれば、もう2度と、思ったよりも悪い結果は起きないことになる。

3種類しかない結果

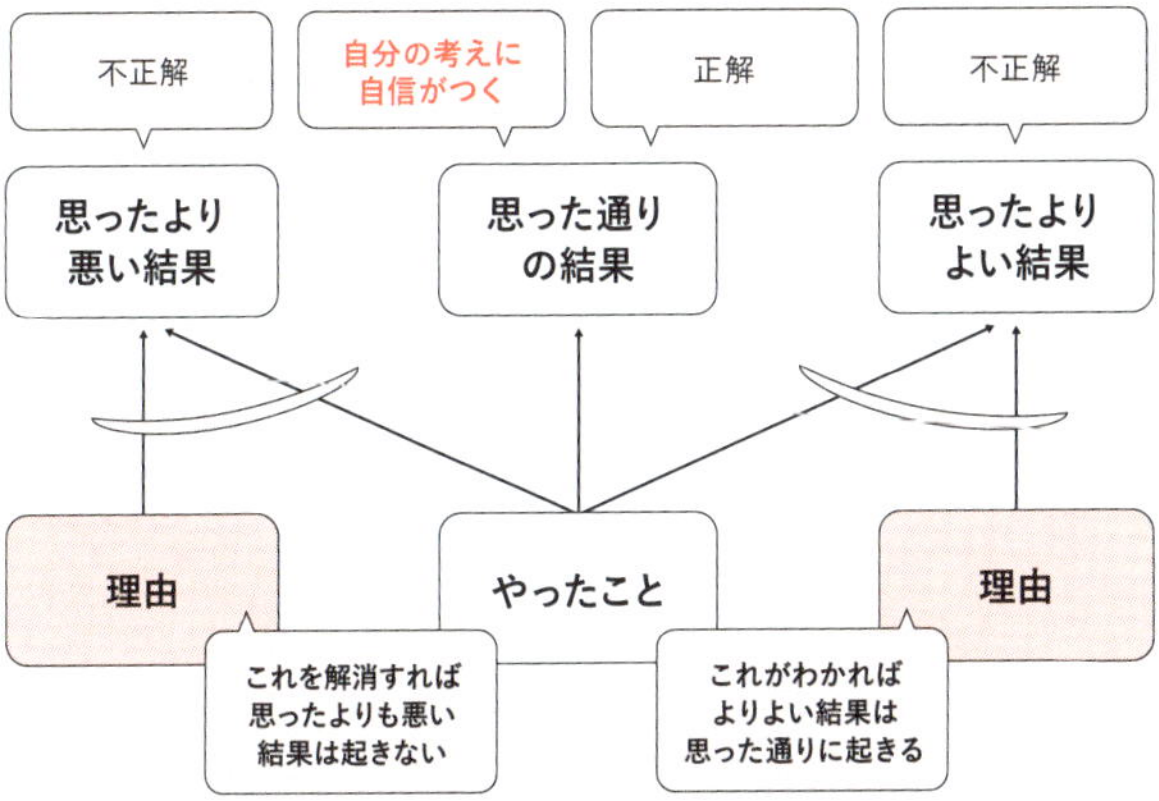

あらかじめ考えた通りの結果が出たら、やったことが「正解」だとわかる
「思ったより悪い結果」「思ったよりよい結果」は
「理由」を見つければ次への学びになる

他方、「思ったよりもよい結果」の場合はどうだろうか？ 思ったことと異なる結果が起きたのだから、これは正解とは言いがたく、実は「失敗」と考えることもできる。でも、ここで、「思ったよりもよい結果」を招いた理由がわかったらどうだろうか？

常に、当初想定した以上のパフォーマンスを実現できることになる。

「思ったよりも悪い結果」「思ったよりもよい結果」は、いずれも失敗と言えるかもしれないが、**その理由さえ見つければ、次への学びにつながるわけだ。**一方で、「思った通りの結果」の場合は、その考えはそもそも正解だったため、自分の自信にはなるだろうが、次への学びはない。

「失敗は成功のもと」とは先達の言葉だが、失敗した時こそ最大の学びを得て成長する機会になるということである。言い換えれば、それこそが**「正解を自ら創る」**ことであり、ヨイコノノロイ虫を撃退する方法だ。

こう考えると失敗を怖がりチャレンジすることを避けるようになる「シッパイコワイ虫」さえも同時に撃退することが可能になり、失敗を学びの源として楽しめる毎日となる。

「正解のない世の中で正解を創ることは可能か？」というテーマで動画も公開しているので参考にしてほしい。

【事例】MBA卒でも結果を出せないTさんが覚醒した一言

有名中学、高校を出て、日本トップクラスの大学を卒業したTさんは、就職人気ランキングでトップ10に入る世界的メーカーに入社。希望通り花形の商品企画部に配属された。華々しいキャリアの始まりに思えたが、周囲の期待とは裏腹に、入社3年が過ぎても手がけた企画は1つもヒットしない。後輩たちが続々とヒット商品を開発するなか、完全に後

［動画でも解説！］

れを取り、悶々《もんもん》とした日々を過ごしていた。

この状況を何とかしようと、自腹でMBAコースに通い、様々なケーススタディを学んで仕事で実践しようとするが、どの企画も他社が出した正解をなぞるようなものばかり。当然ながら結果は出るはずもない。


「学校では成績優秀だったのに、なぜ仕事では結果を出せないんだろう？」

こんな疑問に苛まれる日々。明らかにヨイコノノロイ虫に寄生されてきた証である。

さらに悪いことに、Tさんは「ナゼナゼ虫」にも寄生され、自分自身を「なぜ？」「なぜ？」と問い詰め追い込んでいき、メンタル面でも危うい状態となっていた。

こうしたなか、上司のたった1つの「問い」が彼を覚醒させるきっかけとなった。

「教科書に載るような正解を自分で創ってみないか？」

子どものころから教科書を愛してやまないTさんである。自分の頭を使って出した「正解」が教科書に載るという夢のような話に、俄然やる気になっていった。

Tさんが取り組んだのは、先に挙げた「3種類の結果」のうち、過去に自ら手掛けてきた「思ったよりも悪い結果」が出た企画の検証だ。**ここでの大きな発見は、「お客様のために」と言いながらも、実は顧客を見ていなかったことだ。**

Tさんは今まで、競合商品と比較をして、負けているところは追いつき、勝っているところを増やせないかと頭を使ってきた。

これには理由があった。この会社の商品企画で重視されてきたのが、競合他社との「ベンチマーク」である。この会社には「カクニン虫」が会社の上部に忍び込み、競合と比較して優位性が確認できないと企画が通らないというのが慣例になっていた。

Tさんは、競合とのベンチマークという罠にはまり、企画を通すための「正解」ばかり探していたのだ。

「本当に見るべきはお客様なのに、それがすっかり抜け落ちていました」

もともと地頭がいいTさん。顧客が長年未解決の問題に目を向け、解決策を考えた。すると、競合とは比較にならないほど優れたアイデアを閃くようになり、ヒット商品を連発。取り組んだ企画の1つはイノベーションの成功事例としてMBAの教科書のケーススタディにも掲載された。

Summary
まとめ

あなたの「常識」は正しいのか？

「正解は探すもの」という「常識」は本当だろうか？

教科書に載っている正解は、過去誰かが創ったもの。ならば、自分で新しい正解を創り、教科書に載るような事例を創ることも可能なのだ。変化の激しい時代は、今までに世の中にない正解を創る機会に満ち溢れているともいえる。

他社と同じような商品を創っても売れないのは言うまでもない。「正解を探す」よりも「正解を創る」ほうがよっぽど楽しいし、成果も大きいと言えるのではないだろうか。

Bug Profile No.12

PROBLEM

理想ばかり並べて何も行動できない問題

〈頭でっかちになってしまう〉

「ベキ虫」

Damage：★☆☆☆☆

DATA

［名称］ベキ虫

［主な生息地］会社の経営企画室、コンサルティング会社など

［特徴］頭でっかちで、ベキ、ベキ、ベキと鳴き声がするので発見は容易である。海外から新しいキラキラとした経営手法が紹介されると周囲に集ってくる習性がある。ただし、自分で実行した経験はなく、実践して成果を出すのは苦手であり、常に問題の外側に自分を置きたがる習性があり、時には「評論家」と揶揄される。

知識は豊富だが、実践は苦手な人

「お前が来てやってみろ！」

もし、あなたの職場でそう叫びたくなる場面があったら、そこには「ベキ虫」が発生している可能性が高い。ベキ虫は新しい経営手法が世の中に紹介されるたびに、「ウチもやるベキ」と騒がしく叫び始める。「ベキ、ベキ、ベキ」とうるさく鳴くので、うっとうしくって何とかしたいと願っても、退治は困難である。

なぜならば、ベストセラーのビジネス書やマスメディアに掲載された他社のベストプラクティス、さらには権威ある大学教授の論文や記事を盾に口達者に話をしてくるので、理屈で対抗するのは極めて困難だからだ。

それだけではすまない。

ベキ虫はいったん職場に侵入すると、弁舌巧みな強みを活かして、組織のトップまでたちどころに味方につけ、経営方針の中にまでいつの間にか忍び込むようになる。

ベキ虫を連れてハッパをかけるもテイコウ虫が大量発生

2、3年に一度、マスメディアで喧伝される新しい手法に今までもさんざん取り組まされ、目立った効果も出ていない現場は、本音は「またかぁ……」と辟易としているが、経営方針に逆らうわけにはいかない。

経営方針に従ってしかたなく活動をするが、日常の業務や過去にベキ虫が持ってきた様々な活動で、すでに現場は目が回るほど忙しい。

そのため、実際の活動は活動報告会前の数日で急遽作成されたパワーポイントの発表資料だけにとどまるケースが多い。

現実の活動はほとんど行われず、必然的に目立った成果が出てくるはずもない。

ベキ虫はその状況を何とかしようと、コンサル会社やアカデミアで活躍する著名なベキ虫を会社に連れてきて、さらに経営幹部を巻き込み現場にハッパをかけてくる。

しかし、これが逆効果をもたらすことになる。なぜなら内部のベキ虫に加えて外部の大物ベキ虫も参加して、強引に進めようとすればするほど、現場には「テイコウ虫」（114ページ参照）が大量に発生し、活動がとん挫することも少なくないからだ。テイコウ虫の鳴き声は「Ｙｅｓ」が小さく「Ｂｕｔ」は大きく。キラキラした改革のスローガンに集まり群をなして抵抗する。

成果が出ないことに悩むベキ虫は懲りることなく新しい手法を模索し続け、今度こそはとまた新しい手法に飛びつく。気が付いてみれば2、3年周期で新しい手法を入れては活動が止まってしまう尻切れトンボのような状態が続くことになる。

お気付きと思うが、ベキ虫は常に問題の外側に自分を置く習性があり、決して自ら取り組むことはない。現場から「お前が来てやってみろ！」と声が上がるのも不思議ではない。この状況は「ＯＫＹシンドローム」と名付けられている。

ＯＫＹは、「Omae-ga Kite Yatte-miro！」の頭文字からとったものだ。

このような状態が続くとベキ虫は居心地が悪く感じ、新しい天地を求めて、ジョブホッピングを繰り返すことになる。これを「キャリアアップ」と自分では称しているものの、結果を出す人材を求める企業から見ると、頭でっかちで行動や実績の伴わない人材として評価されるので、現実には望む「キャリアアップ」は困難で、転職を繰り返すたびに「キャリアダウン」という現実に向き合うことになる場合も少なくない。

〔退治方法〕OKY（お前が来てやってみろ！）とは？

ベキ虫の特効薬は、すでに明らかになっている。OKY、つまり「お前が来てやってみろ！」と言って、**問題のど真ん中に放り込むこと**である。すでに述べた通り、ベキ虫の習性は、自分を問題の外側に置きたがることである。これが知識は豊富だが実践が伴わない理由なのだ。

「知る」ことと「やる」ことはどちらが難しいだろうか。

両者の間には大きなギャップがあることに気付くだろう。本やネットを調べれば、知識を得ることは誰でもできる。だが、実践するのは誰もができることではない。

ベキ虫は、そもそも会社をよくしようと思って、世の中の様々な知識を常に模索している。その面から考えると、ベキ虫は害虫ではなく「益虫」なのだ。ただ実践する場がないだけ。だから、**得た知識を自ら実践して成果を出すように導けばいい。**

ベキ虫にとって、これはチャンスでもあり、またピンチでもある。チャンスというのは言うまでもなく、得た知識を実践し、結果が出れば自分の自信にもつながるし、周囲からの信頼も高まり、実績に基づく確固としたキャリアになる。

一方、今まで、実践経験がなく、失敗することを恐れるタイプは、ピンチと考え、逃げ出す者も出てくる。そうなれば、益虫か、害虫かが一目瞭然だ。

事業会社では、害虫タイプのベキ虫は少なく、益虫タイプが多い。事業会社ではたいていの場合、評論家タイプは嫌われ、結果を出すことが強く求められるからだ。

一方、コンサル会社、アカデミアではどうだろうか。もともと、問題の外側にいるため害虫タイプのベキ虫が多い。ただし、問題の外側に置かれている状況にフラストレーションが募り、火中の栗を拾いに行く益虫タイプも発見されている。

いずれにしても、ＯＫＹと呪文を唱えるだけで見分けられるので、是非お試しいただきたい。

［事例］頭でっかちのベキ虫が、子会社の価値を9倍に

コスメティック商品のメーカーL社は、次世代経営幹部を育成するために海外著名大学のMBAプログラムに年間数千万円をかけて、毎年数人の選抜された優秀な人材を派遣。中にはトップの成績で卒業してくる者もいて、彼らがもたらす成果に経営陣も大きな期待を集めていた。

だが、現実は期待と程遠く、転職してしまうメンバーも出てきて大きな問題となっていた。

聞けば、経営全般の知識を取得し、MBAの資格を持った人材を事業部門に置いておくのはもったいないので、帰国後は経営企画部門に配属されているとのこと。

彼らは、MBAで学んだ最新の経営手法やケーススタディを語り、「○○社では……」と自社とベンチマークするようなことばかりして、「ベキ、ベキ、ベキ」と語り、「出羽《では》守《のかみ》」と揶揄されることも少なくないとのこと。

さらに、事業部門から「お前が来てやってみろ！」の声もチラホラ聞こえてくる。これ

は明らかにベキ虫が侵入している証であるので、早速「ＯＫＹ」を処方することにした。

会社から辞令が発せられ、経営企画室にいたベキ虫が異動したのは数年前に買収した子会社である。ブランドの多角化を狙って買収したのはいいものの、事業は低迷、４００億円かけて買収した会社の企業価値は１００億円ほどにまで低下し、株主から事業撤退を迫られる状況であった。

実は、このベキ虫が世界で最も有名なＭＢＡスクールの1つに行って、最初に教授に必読書としてすすめられたのが『ザ・ゴール』であった。『ザ・ゴール』は経営危機からＶ字回復するストーリーである。

そんなドラマチックな変革をやってみたいとずっと思っていたベキ虫は、学んだ知識を生かす現場を得られ、尻込みするどころか、ワクワクしながら現場の改革の渦の中心に飛び込んでいった。このベキ虫は明らかに益虫だったのだ。

低迷していた子会社のメンバーに『ザ・ゴール』と『ザ・ゴール２』を配って読んでもらうと、みんなの反応は、まさにウチの状況と一緒だという。

特に『ザ・ゴール2』のアイ・コスメティックス社の事例は、まさにぴったり当てはまるので、これを教科書として、みんなで知恵をひねり、経営改革を進めていった。

現実は小説よりもドラマチック。

100億円まで低迷していた企業価値は9倍の900億円。買収した金額の倍以上の企業価値を創ることに3年で成功した。

この成果に親会社が黙っているはずがない。この目覚ましい成果を率いた子会社の経営幹部は、社外取締役から絶賛を受け、本社の役員に抜擢された。まさに『ザ・ゴール2』そのもののストーリーが実現したことになる。

もの言う株主から突き付けられた事業売却の要求の中で、いかに企業価値をあげていくかを描いた『ザ・ゴール2』はアニメにもなっている。無料試写会を随時行っているのでご覧いただきたい。

［動画でも解説！］

Summary
まとめ

あなたの「常識」は正しいのか？

知識を得ると実行することができる。

これは本当だろうか？
もしも、たくさんの知識を学んでいるのに成果が出ずモヤモヤしているのなら、問題の外側から、問題のど真ん中に身を移して、知識を実践する機会に挑んでみるのはいかがだろうか。

Bug Profile No.13

PROBLEM

仕事とプライベートの両立ができないワークライフバランス問題

〈ストレスと不安を生み出す〉

「イタバサミ虫」

Damage：★★★☆☆

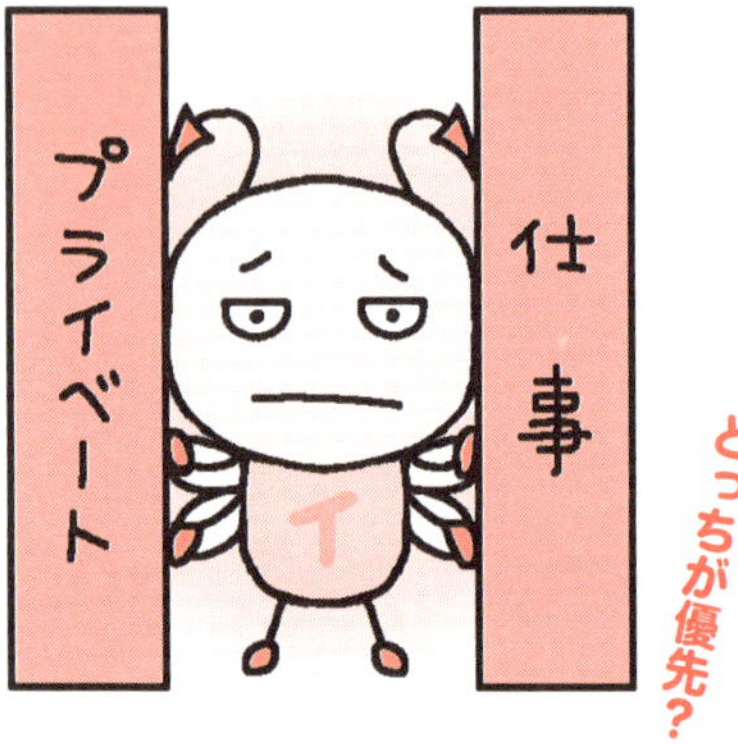

［DATA］

［名称］**イタバサミ虫**

［主な生息地］**「仕事」と「プライベート」の板挟みになった現場**

［特徴］「仕事」と「プライベート」の板挟みにハマると、「モヤモヤ」という精神的不安を引き起こすストレス物質を放ち、心理的に不安定な状況をつくり出し、毎日を憂鬱にする毒虫。放置すると人材の離職を招くことがあるので早期対策が必要である。

ワークライフバランス重視で管理職がメンタルを病む理由

「仕事」と「プライベート」、どっちを優先したらいいのだろうか？

こんな板挟みに悩むようなことがあったら、あなたの会社には「イタバサミ虫」が生息している可能性が高い。「仕事で成功する」ためには「仕事を優先する」必要があるが、この場合「プライベート」が犠牲になりかねない。

一方で、「プライベートを大切にする」ためには「プライベートを優先する」必要があるが、この場合には「仕事で成功する」ことが犠牲になりかねない。

「働き方改革」が世間で叫ばれる昨今、いき過ぎた残業を減らし、プライベートを大切にしてもらおうと残業削減に取り組む会社は少なくない。社内に「働き方改革プロジェクト」を立ち上げ、外部講師を招いて講演を実施したり、各部署の残業時間を監視したりすると、現場の残業は削減されるようになる。

しかし、業績が下がるのは許されるはずもない。こなさなければいけない仕事が減るわけではないので、家に仕事を持って帰ってやるようなことが起きる。すると「ブラック企業」のレッテルを貼られる。それを避けようとすると、しわ寄せは残業代のつかない管理職に行く。

やがて管理職の周辺にはイタバサミ虫が大量発生し、精神的不安を引き起こすストレス物質**「モヤモヤ」**を放つ。ひどい時にはメンタルヘルス問題が多発する原因にもなりかねないので注意が必要である。

「ワーク」と「ライフ」を天秤にかける罪

昨今の「働き方改革」ブームで「ワークライフバランス」という言葉が言われるようになって久しい。この言葉には仕事の「ワーク」とプライベートの「ライフ」が入っており、両者のバランスが大切だというわけだ。

しかし、なぜか、このスローガンが使われる現場では、「ワーク」よりも「ライフ」のほうが優先と解釈されることがしばしば。成長意欲の強い人材には「ユルイ職場」と思われるようになる。それは、**仕事にやりがいを自ら見つけ、成長のために思う存分仕事をしたいと願う優秀な人材の離職を招くことにもつながりかねない。**

そもそも「ワークライフバランス」を考えようとすると、「仕事」と「プライベート」を日常から天秤にかけ、不安定なバランスの中で妥協した選択を迫られる。「モヤモヤ」とした毎日を過ごすことになり、心理的安全性を損ないかねないのが問題である。

［退治方法］「クラウド」を用いて思考する

仕事を優先するのか？　プライベートを優先するのか？

イタバサミ虫が発生した職場の特効薬が**「クラウド」**である。クラウドといっても、各種アプリケーションをインターネット経由で利用するIT用語の「クラウド」ではない。

ここで言うクラウドとは、全体最適のマネジメント理論TOCを開発したゴールドラット博士が編み出した、対立する手段から両立する解決策を見つけ出す、とても便利な

ジレンマを解消する「クラウド」とは？

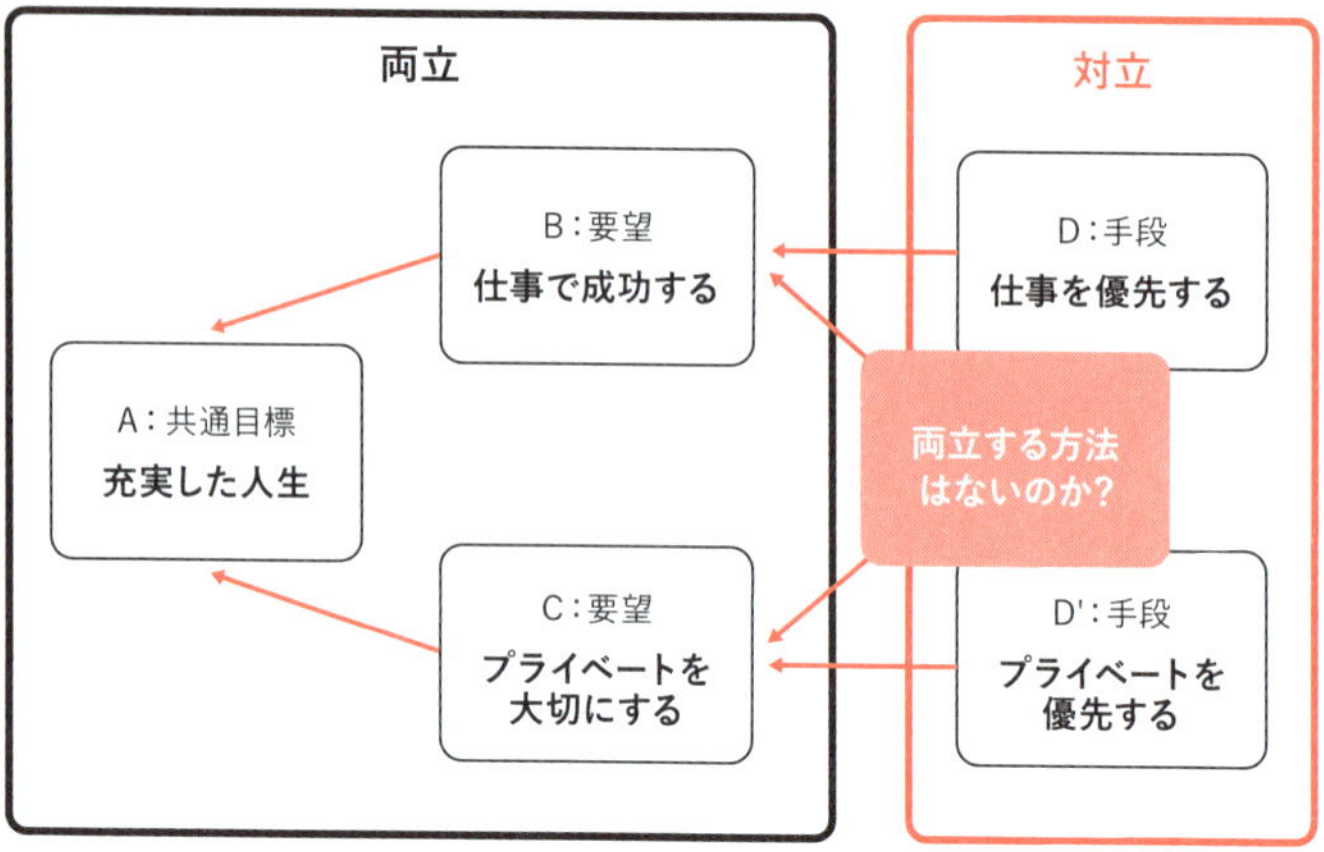

バランスではなく、両立！

手法だ。

その構造は上の図のようにシンプルで、たった5つのハコを埋めて対立の構造を明らかにして、両立する解決策を見出すのである。

まずは、DとD'と書かれている右側のハコの中に対立している手段を書く。この場合は、「仕事を優先する」と「プライベートを優先する」の対立だ。

次にDの手段で満たしたい要望を考えて、Bのハコに書く。この例では、「仕事を優先する」という手段で満たしたい要望は「仕事で成功する」ことだ。

次に、D'の手段で満たしたい要望を

考えて、Cのハコに書く。この場合は、「プライベートを大切にする」という要望である。その次にBとCのハコに書いた2つの要望から共通目標を考えてAのハコに書く。この例では「充実した人生」である。

右の図からも明らかなように、DとD'は対立しているが、真ん中の2つ、BとCの要望は対立していない。単に異なる2つの要望であり、それらを両立する方法が見つかっていないだけである。

つまり、BとCを両立する解決策が見つかれば対立は解消することになる。

このクラウドという方法は、正式にはEvaporating Clouds（蒸発する雲）と開発したゴールドラット博士は名付けている。モヤモヤした雲がスッキリするイメージとして考えるといいだろう。

クラウドはワークライフバランスの解決に使えるだけではなく、「あちらを立てればこちらが立たず」の板挟みの状況にブレークスルーを見出す汎用的なツールだ。

しかも、「4歳の子どもでも使えるほどシンプルでやさしく、CEOが長年未解決の問題解決に使うほど奥が深い」と世界中で評価され幅広く活用されている。動画でも4歳の子どもの活用事例とともに解説しているので参考にしていただきたい。

[動画でも解説！]

［事例］仕事とプライベートを妥協せず両立する方法

業績が低迷し、目標必達のために会社でも家でも仕事漬けの日々のP課長。残業削減が叫ばれる中、部下は定時で帰る必要があるが、目標必達のために、今まで部下が残業してやっていた仕事を自らこなさなければならない。

部下のワークライフバランス実現のため、自らは、ワークライフバランスを崩し、家でも仕事漬けという毎日が続いてモヤモヤと悩む日々であった。

これはまさに、イタバサミ虫が放つ精神的不安を引き起こすストレス物質「モヤモヤ」に苛まれていた状況である。

すぐに特効薬「クラウド」を処方。驚いたのは即効性である。わずか30分でたどり着いた解決策は、仕事での成功と、なりたい自分の実現がオーバーラップするように自分の目標を立てることだった。

P課長の問題は、仕事の目標は持っているが、自分の人生の目標は今まであまり考えたことがないことだった。

ワクワクする目標「ザ・ゴール」設定のコツ

仕事での成功と、なりたい自分の実現がオーバーラップするように！

起きている間のほとんどを使う仕事の時間を
自分の人生の目標のために使わないと、もったいなくないですか？

「気が付いてみたら社畜に成り下がっていたのかもしれません」

P課長がつぶやいた言葉だ。なぜならば、会社から与えられた仕事の目標を達成するために、人生の大半を過ごしていたことに気が付いたからである。

そこでP課長が考えたのは、起きている時間のほとんどを使う**仕事の時間を自分の人生の目標にもつなげる**という、したたかなアイデアだった。

P課長が一番充実実感を味わえるのは、仕事でも家でも一緒で、人の成長を実感した時だそう。

そこで、Ｐ課長が決めた人生の目標は「人の成長の可能性を切り拓き、感謝される人になる」ということだった。

人の成長の可能性を封じているのは、「あちらを立てればこちらが立たず」のジレンマに挟まれた時が多いと言う。ならば、今回使ったクラウドを活用すれば、人が育つと確信したのだ。

◉板挟み解消でクライアントも大喜び

Ｐ課長は早速、部下たちのモヤモヤとした板挟み状態をクラウドを使って解消するのを助け、その度に、部下たちは成長を実感し、感謝してくれるようになった。

部下たちもみんなこぞってクラウドを活用しはじめ、自分たちだけでなく、お客さまのジレンマさえも解消することに活用し、それを提案としてクライアントに持っていくようになった。クライアントも自分たちの立場になって、長年のジレンマを解消する提案に感激したのは言うまでもない。

業績は向上し、Ｐ課長は会社でダントツの業績を上げるようになった。部下の成長は著しく、当然ながら、もはや家に持ち帰る仕事はない。

Ｐ課長は家庭でもクラウドをどんどん活用。使うたびに家庭内のジレンマも解消され、家族の関係もよくなっていった。小学生、幼稚園に通う子どもたちも、クラウドを使いこなし人気者となり、スクスクと成長している。

対立する状況から両立する解決策を見つけるクラウドは、名著『ザ・ゴール２』の中で紹介されているが、これをアニメで気軽にご家族でも楽しめるようにしたので、ご覧いただきたい。

［動画でも解説！］

Summary
まとめ

あなたの「常識」は正しいのか？

「対立は避けられない」

本当だろうか？　手段レベルの対立に目を向けるのではなく、要望レベルの両立に目を向けて考えたほうが、妥協なき解決策を見つけるには手っ取り早いと思うのだがいかがだろうか？

第4章

ダメな組織の問題を解決する

Bug Profile No.14

PROBLEM

部分最適で軋轢だらけの組織の風土問題

〈部署間に見えない壁をつくる〉

「ソシキノカベ虫」

Damage：★★★★☆

DATA

［名称］ソシキノカベ虫

［主な生息地］**大企業や行政組織。特に生産と販売など組織と組織の間**

［特徴］組織と組織の間に入り込み、せっせと「組織の壁」をつくり、人に部分最適の行動をさせる。組織連携を阻み、部分最適の組織風土病を引き起こす原因と言われている。組織の能力を極端に低下させ、放置すると、組織間の軋轢(あつれき)を招き、最悪の場合、経営危機を招く。

部分最適を引き起こす「ソシキノカベ虫」

「うちの職場は、なぜこんなに部分最適の仕事の仕方ばかりするのだろう……」

もし、こんな疑問を持ったことがあるなら、あなたの職場には「ソシキノカベ虫」が侵入している可能性が高い。

ソシキノカベ虫は職場の周りに「組織の壁」をせっせとつくり、他の部署の仕事を見えなくする。壁に囲まれると他の部署が見えなくなり、自部門の仕事の効率向上だけに集中できるメリットがあるとの錯覚に陥りやすい。

部分最適の行動を引き起こさせ、他の組織との連携が極端に悪くなる。会社全体の仕事の流れは悪くなり機能不全に陥り、業績が大幅に低下してしまう。

それぞれの職場に部分最適の評価指標があったら、問題はさらに深刻になる。他の組織

Chapter 4

との連携はお構いなしで軋轢を招き、会社を経営危機に陥れることさえあるので注意が必要だ。

会議やスローガンによる対策は効力なし

ソシキノカベ虫は「生産」と「販売」という組織の間に特に多く発生することが広く知られているが、理由はいまだ解明されていない。「組織の壁」を壊そうと「生販会議」のようなものが立ち上がると暴れ出す。

「生販会議」で火花が出るような対立が観察されない場合、さらに深刻な状況であることが多い。

なぜならソシキノカベ虫は「会議中は何を言っても無駄」ということを学習し、「生販会議」に対する耐性を備え、会議中はじっと静かに潜む代わり、日常あちこちで火花を散らす対立を引き起こしていることが多々あるからだ。

トップが「組織の壁を壊せ!」と号令を出したり、「全体最適で仕事をしよう!」とスローガンを掲げたりしても、ソシキノカベ虫には全く効力がない。

そういった号令やスローガンは、ソシキノカベ虫が発生していることを社内外に広くアピールするだけだ。

［退治方法］「タテ」ではなく「ヨコ」から見て制約を探す

ほぼすべての組織に発生する可能性があるソシキノカベ虫だが、シンプルでパワフル、しかも安全で、即効性の高い特効薬がすでに世界中で活用されている。それは**仕事の流れの効率を「タテ」の組織で見るのではなく、「ヨコ」から会社全体で仕事の流れを見る**というシンプルなものだ。

当たり前のことだが、仕事には様々な組織が関わる。組織の壁にいくら阻まれようが、仕事は組織を越えて横に「つながり」がある。そして、それぞれの組織の能力が全く同じということはあり得ず「ばらつき」がある。

次ページの図は仕事の「つながり」と「ばらつき」を示したもの。仕事は左から右へつながって流れているが、それぞれの組織が1日に処理できる能力には20・15・10・12・16とばらつきがある。

制約の図

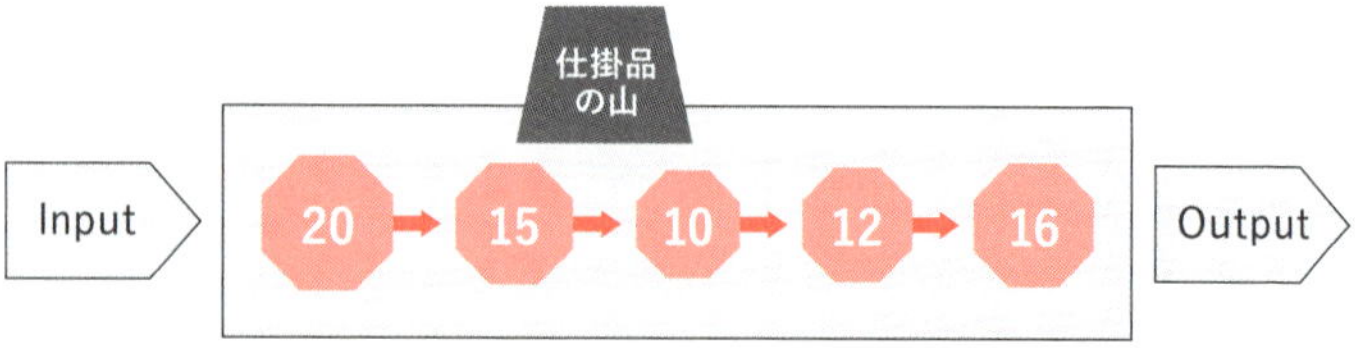

全体のアウトプットはいくつですか？
それぞれの部署が一生懸命働いたらどうなりますか？
では、混乱を収めるためにあなたならどうしますか？

このシステムの中で1日のアウトプットは、能力が最も低い、つまりボトルネックとなる組織の能力＝10以上になることは不可能である。

もし、あなたが10しか処理できない組織にいるとする。自分のせいで全体の仕事の流れが止まっていることがわかれば、プレッシャーも感じるし、責任感が強い人であればあるほどメンタルに支障をきたすことさえあるだろう。

しかし、ここでもう一度、自身の仕事を振り返ってほしい。**制約となっているあなたは、本当に自分しかできない仕事だけをしているのだろうか。**

経費の精算や不要な会議への出席など、本来はあなた自身がしなくてもいい仕事も抱えているだろう。

もし、そうした仕事を他の人が代わりにやってくれたら、あなたしかできない仕事の時間が2割増えるかもしれない。そうしたら、あなたの部署のアウトプット能力は12となり、全体のアウトプットも12に上がる。

制約となっている組織の仕事を他部署の人が助ける、という小さな変化だが、その効果は極めて大きい。**たった1つの制約を2割アップするだけで全体のアウトプットが2割アップするからだ。**

「つながり」と「ばらつき」のある仕事の流れには必ず制約がある。その制約に集中して助け合うことが全体最適になる。

これが、世界で1000万人が読んだベストセラー『ザ・ゴール』で著者ゴールドラット博士が発表した全体最適のマネジメント理論TOC＝Theory Of Constraints（制約理論）である。動画解説も併せてご覧いただきたい。

［動画でも解説！］

［事例］わずか1カ月で全国最下位の支店がトップに

売上高６０００億円を超えるハウジングメーカーＩ社は、厳しい状況を迎えていた。人口減少や少子高齢化の影響を受けて新築着工件数が減少する中、売り上げは減る一方だ。競合との激しいシェア争いにさらされて値引き合戦で敗退することが続いていた。

この会社の主力事業は、注文建築である。受注してから家が建つまでの期間は3〜6カ月。その間に仕様変更が次々に起きることもしばしばある。それが手戻りを引き起こし、コストアップの原因ともなる。建築資材の生産計画の変更は常態化し、現場は常にバタバタとした状態になり、品質低下や工事の遅延を招いていた。顧客からのクレームも増え、営業部門と生産部門の関係は悪化。火花が散るような騒動も頻発していた。

この会社の壁には「全体最適で仕事をしよう！」というスローガンが貼られていた。これはソシキノカベ虫が発生している証である。早速、ＴＯＣ理論に基づく対策を始めることにした。

制約の発見

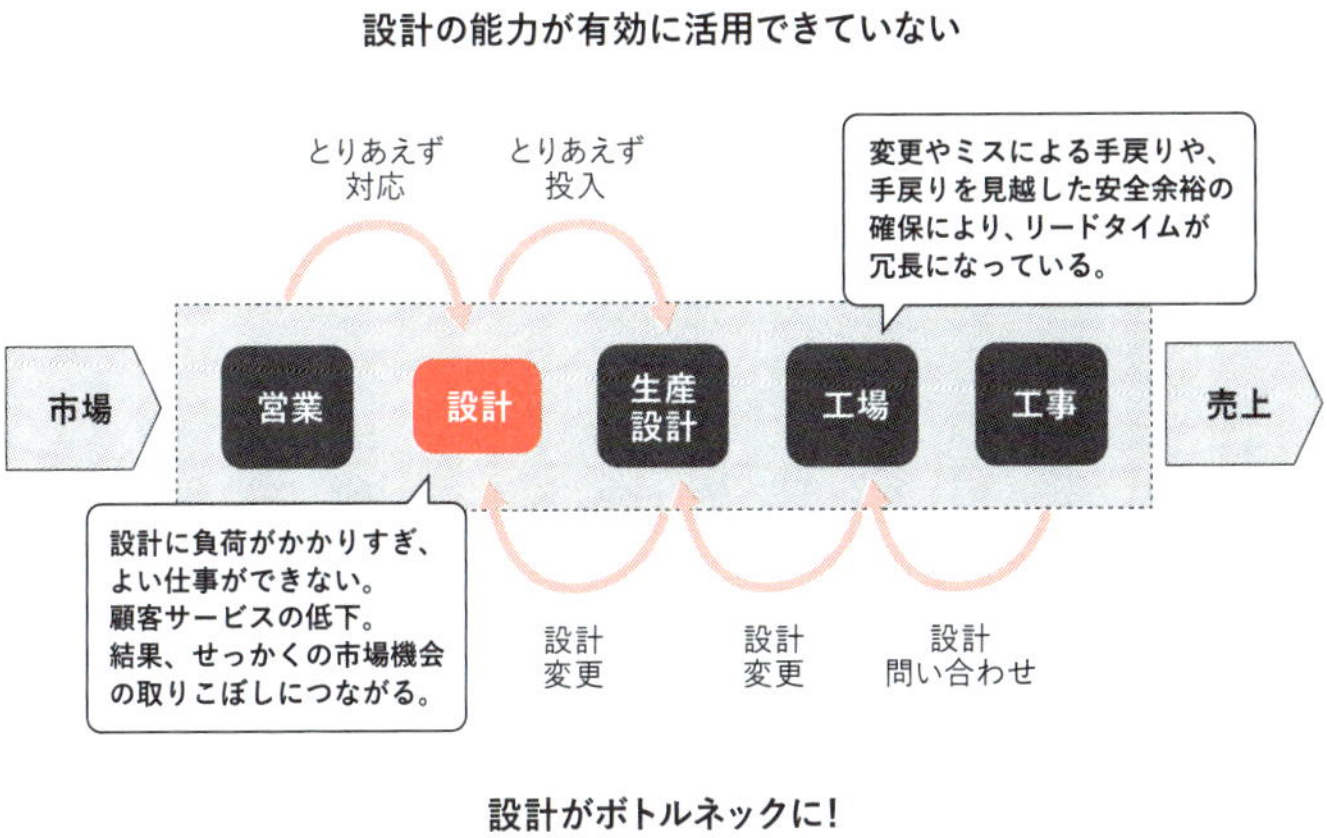

対象になったのは、営業成績で全国最下位の支店。地元の工務店との価格競争で連敗が続き、支店を閉鎖することさえ検討されていた。関係者が集まりワークショップで仕事の流れを整理した。

この図は、仕事の流れを示したもの。営業→設計→生産設計→工場→工事の流れで仕事が行われている。その中では明らかに設計が制約になっている。設計は上流の営業と下流の生産の双方に関わっているからだ。

設計の仕事は本当に忙しく、朝から夜遅くまで残業もいとわず仕事をしている。

午前中は生産系の仕様決めや打ち合わせ、午後は営業とともに顧客との打ち合わせに追われ、設計の仕事に集中できるのは定時の退社時間を過ぎてからになる。

残業が常態化しているため「働き方改革プロジェクト」が立ち上がったが、設計メンバーは仕事を家に持ち帰って顧客への提案を作成するようになった。内部告発でこのサービス残業問題が発覚し、労働基準局からも指導が入りブラック企業のレッテルを貼られてしまった。

制約が明らかになった時点で、「働き方改革プロジェクト」のリーダーである総務部長の一言が状況を打破する第一歩となった。

「働き方改革は他の人にやらせるものだと思っていたが、間違いだった。本当は我々が自ら働き方を変えなければならない！」

◉総務部門が制約解消の救世主に

総務部長はさっそく、設計部門が抱えていた「余計な」仕事、たとえば旅費精算などを総務部が手助けすることにした。

慢性的に忙しい設計メンバーにとって、旅費精算がなくなるだけでも助かるが、本当に必要なのは顧客のための提案を集中して考えられる時間である。

そこで、設計だけは定時よりも2時間早く出社するようにし、朝7時から9時までを設計に没頭する「集中タイム」とした。集中タイムでは、メール、電話、チャット、SNSなど、仕事の集中をそぐものは、一切禁止した。定時は2時間前倒しで、その分早く帰れるようにした。

集中して考える時間ができたことで提案の質も上がり、受注にも結び付くようになった。地元の工務店に価格で一度負けた案件でさえ、再提案により逆転受注が決まることさえ起きた。全国最下位だったこの支店は、わずか1カ月で全国トップの売り上げを達成。本社の経営陣を驚かせた。

さらに、3カ月後には利益も全国トップに躍り出た。主な要因は、常態化していた設計変更による手戻り・手直しがほぼなくなり、その分のコスト削減分が利益になったことだ。工期も短くなり、翌年の完成予定だった工事が4週間近く前倒しできてクリスマスとお正月を新居で迎えることができたと、お客様から感謝状が届くこともあった。組織間の衝突も減り、職場全体が明るくなった。

本社の役員がこの支店を訪れ、設計メンバーにねぎらいの言葉をかけたところ、こう返事がきたという。

「設計メンバーは何もしていません。変えてくれたのは総務メンバーです。彼らが制約である我々を助けてくれたから、この変化はもたらされたんです」

この変革を推進した総務部長はその後、他の10支店でも同様の「全体最適の働き方改革」を展開するために大抜擢《ばってき》された。

彼が入った支店は次々と成果を上げ、職場に「和」がもたらされるという評判も上がっていった。そして、翌年には最年少で役員に抜擢された。

Summary
まとめ

あなたの「常識」は正しいのか?

みんなが一生懸命働くと全体に成果がもたらされる。

これは本当だろうか? もし、あなたの会社の仕事の流れの中に「つながり」と「ばらつき」があるのであれば、どこかに必ず制約があるはずである。

その制約に集中して助け合わないと全体最適にはならないのだ。

ソシキノカベ虫が潜んでいると感じたら、ぜひ仕事の流れを「ヨコ」から見て、制約がどこにあるかを見つけることをおすすめしたい。

Chapter 4

Bug Profile No.15

〈流行が好きな経営層に寄生する〉

「DXアオリ虫」

Damage：★★★☆☆

DATA

［名称］DXアオリ虫

［主な生息地］**IT会社、コンサル会社、企業のIT部門、新しいバズワードが好きな経営幹部、マスメディア、行政、政府など**

［特徴］キラキラとした羽が特徴で、腹が黒く、発見は容易。主な被害として、デジタル化は進んだが肝心の変革は一向に進まない、お金のムダ遣いなどがある。コンサルやIT企業では会社を儲けさせる「益虫」として飼育されている。

PROBLEM

「DX化」に無駄な労力とお金をかけてしまう問題

会社をキラキラさせる「DXアオリ虫」

「うちの会社、デジタル化は進んだけど、肝心のトランスフォーメーション（変革）はできたのだろうか？」

こんな疑問を持っているなら、「DXアオリ虫」があなたの職場に忍び込んでいる可能性が高い。DXアオリ虫が職場に現れると、デジタル人材教育などが熱心に行われたり、「ペーパーレス化」というスローガンのもとで様々な業務のデジタル化が検討されたりする。

またたく間に社内のあちこちで繁殖し、あっという間に経営方針にまでキラキラとしたDXの文字が躍るようになり、「DX推進室」のような部署ができることもある。

こうした部署がさらにDXアオリ虫を増殖させ、社内を混乱に陥らせることが報告されている。

DXアオリ虫の多くは業務のデジタル化（D）を得意としている。だが、実務経験に乏しく、肝心の変革（X）は苦手だ。「DX研修」と称した社員教育プログラムに変革（X）の要素が入っていないケースも多い。

「まぬけ」という言葉を広辞苑で調べると「することにぬかりがあること」とある。変革の要素がないDX研修は「まぬけなDX」を職場に広め、デジタル化＝DXとの勘違いを蔓延《まんえん》させる。

コンサルやIT会社にとっては「益虫」

やっかいなのは、DXアオリ虫はフィジカル（物理）空間のみならず、ネットやeメール、SNS、ビデオ会議などのサイバー空間を通じても職場に侵入するため、防御が極めて困難なところだ。

この事態を何とかしようと、社外のIT会社やコンサルティング会社から知識と経験の豊かな専門家を招くと、事態はさらに深刻になる。なぜなら、これらの専門家たちこそ、DXアオリ虫の親玉、もしくは先兵隊、もしくは女王バチならぬ「女王DXアオリ虫」だからだ。
これらの虫が現場にヒアリングをしてデジタル化を提案・推進していくが、ここに大きな落とし穴がある。

もし、現在の仕事の進め方が部分最適だったら、デジタル化したことで部分最適な進め方が今後何年も固定化され、肝心の変革を妨げる障害とさえなりうる。

しかも、このような取り組みが成功事例として「DXフォーラム」などと称したイベントやメディアで紹介されると、変革そっちのけのまぬけなDXが世の中にさらに広がっていく。

IT・コンサル会社に支払われたお金は、本来はその会社の従業員の給料やボーナス、または株主還元への原資となるはずのものだ。まぬけなDXを導入した対価として社外に流出してしまうのは、あまりに悲しい。

【退治方法】「チェンジ・ザ・ルール」

DXアオリ虫はIT・コンサル会社にとっては莫大な利益をもたらす「益虫」だが、残念ながら、その他の会社では多くの場合、「害虫」となってしまっている。本来、デジタルを活用して経営のあり方を変革していくことは必要なことだ。そのため、DXアオリ虫は本来はすべての会社にとって益虫であるべきだ。そのため、単純に退治・駆除するのではなく、益虫に変容させる知恵が必要になってくる。

そのための特効薬が、部分最適を全体最適に変える**「チェンジ・ザ・ルール」**と呼ばれる手法だ。それには、次の2つの問いを考えてみるとよい。

1「見える化すべきは、個々の効率か？ 全体の制約か？」

2「変えられない過去、変えられる未来、どちらに集中すべきか？」

全世界で1000万人が読んだベストセラー『ザ・ゴール』の著者であり、物理学者でもあるゴールドラット博士は、次のような金言を遺している。

「どのような尺度で私を評価するか教えてくれれば、どのように私が行動するか教えてあげましょう。もし不合理な尺度で私を評価するなら、私が不合理な行動をとったとしても、文句を言わないでください」

出所：『ゴールドラット博士のコストに縛られるな！』（ダイヤモンド社）

部分の効率を見える化して評価尺度に使えば、部分最適になるのは免れない。不合理な尺度が不合理な行動を招いてしまうというわけだ。

言い換えれば、全体仕事の流れを見える化して、その中に潜む制約の解消に集中すれば、未来を変えられる。部分最適から全体最適へ、「チェンジ・ザ・ルール」が可能となる。

〔事例〕部分最適のシステムが招いた創業以来初の赤字

創業から一貫して成長し続け、世界にその名を知られるブランドを確立したD社。創業50周年の節目の年に、初の大幅な赤字を計上してしまった。物を言う株主からの圧力もあり、社長交代まで余儀なくされ、経営危機の渦中にあった。

大きな赤字を引き起こした主な原因は過剰在庫だった。棚卸在庫の回転日数は126日、つまり18週間分の在庫を溜め込んでオペレーションをしていた。生産してから4カ月以上経って消費者が購入しているということだ。変化の激しい時代において、このスローなオペレーションはリスクが高すぎる。

過剰在庫を減らすために値引きが横行し、長年積み上げてきたブランド価値を毀損《きそん》していた。それまで赤字に陥らなかったのは粗利率が大きかったからだが、この状況をライバルは見逃さなかった。

国内外のメーカーが低価格で高品質な製品を次々と発売し、シェアを奪っていったのだ。その結果、収益性はみるみるうちに悪化した。

なぜ、在庫が積み上がってしまっていたのか。原因は工場の部分最適の指標にあった。個々の生産設備で稼働率向上を最優先する指標が採用され、それが全体最適の妨げになっていた。

この仕組みは「つくれば売れる時代」においては有効に機能していた。だが、今は変化が激しい時代。つくっても売れるとは限らない。オペレーションを進化させる必要があった。

◉「制約」をデジタルで見える化し全体最適へ

この会社に、IT会社のDXアオリ虫が侵入してきたのは数年前のこと。DX推進室を中心に、サプライチェーンのDXプロジェクトが立ち上がった。現場へのヒアリングでは従来のやり方の延長で、個々の生産設備の稼働率を最大化したいという要望があがった。DXアオリ虫は、その要望を実現するシステムを開発した。

新システムに従えば、これまで以上に稼働率を高められた。

しかし、その結果、売れない製品まで大量に生産してしまい、需要の変化に柔軟に対応できずに不要な在庫が増えてしまった。

「システムを導入してから、私たちはシステムの奴隷のようになってしまった」

こんな声さえ現場から聞こえてくる始末だった。

早速、DXアオリ虫を益虫に変えるべく、前述した2つの問いを議論した。大規模なシステムを再び開発する余裕はない。

そこで、既存のシステムにあるデータを活用して、サプライチェーン全体に潜む制約を見える化するアプリを導入した。

サプライチェーン全体に潜む制約を見える化

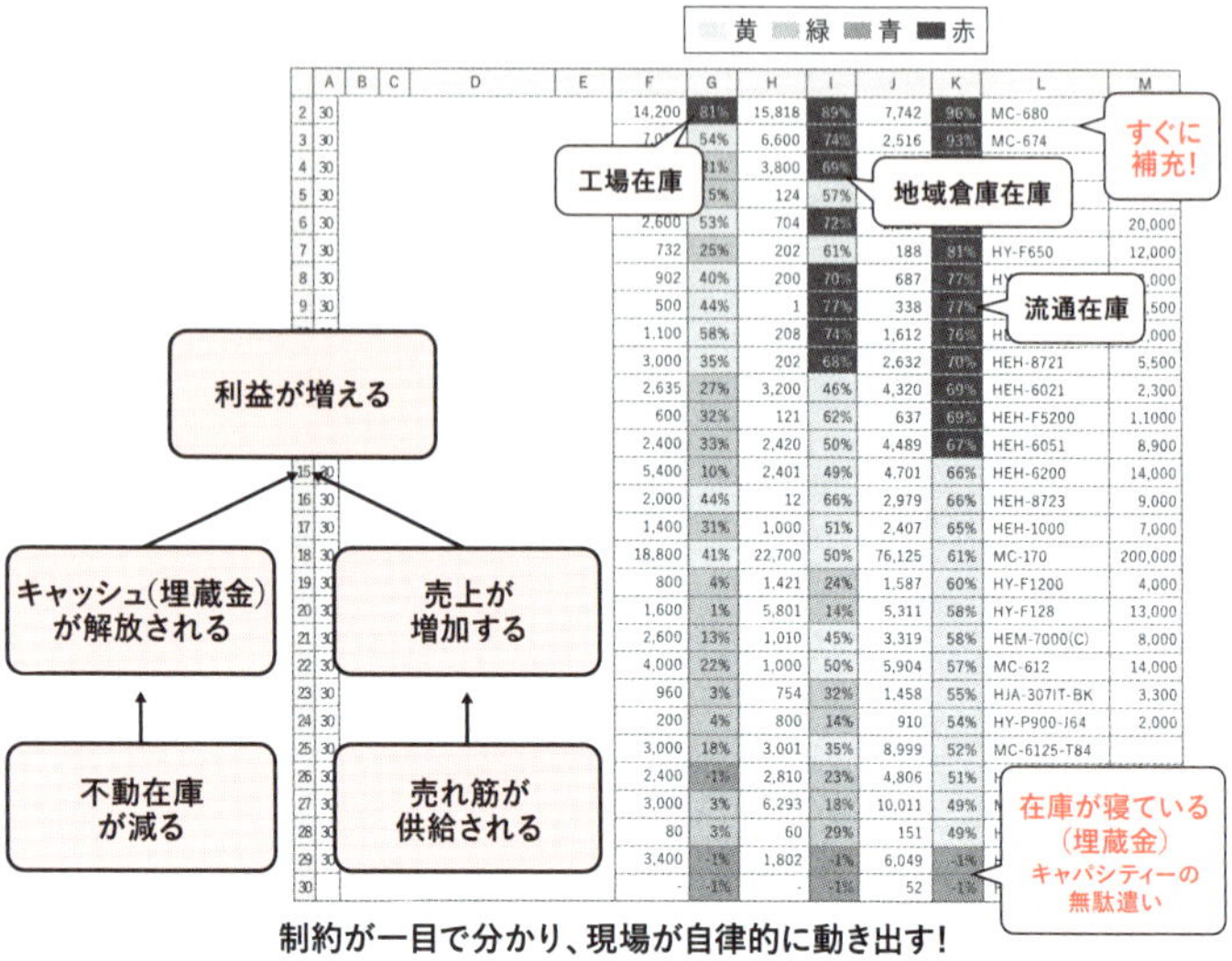

制約が一目で分かり、現場が自律的に動き出す!

この図がアプリの画面である。製品の品番ごとに、列の左側から、工場在庫、地域倉庫在庫、流通在庫の状況を見える化している。赤色はよく売れており在庫が少ない状態。黄色は適正在庫の状態。緑色は売れ行きがよくなく在庫が多い状態だ。水色は明らかな過剰在庫の状態を示す。

　赤色の在庫が減りつづけると欠品し、販売機会を失うことになる。

　つまり、ここに制約がある。赤色で示された製品を集中して生産すれば、制約は解消され、販売機会を逃さずにすむ。一方、水色で示された過剰在庫の製品については、「売れないモノをつくりたい」と思う人はいないから、生産は自然に抑制される。
サプライチェーン全体の制約を見える化したことで、変えられる未来に向かって現場が自律的に動き出した。売れ筋の製品がしっかり供給されるようになる一方、過剰在庫が減り値引き販売は減った。
それにより、利益は改善されブランドの輝きも戻り始めた。販売状況が生産現場にも伝わるようになり、工場で働く人たちのモチベーションが上がった。今まで、いがみ合っていた営業と生産の関係もよくなった。工場長はこの変革を次のように語った。

「言われた通りにものをつくる工場から、市場にサービスを提供する工場に進化した」

「進むデジタル化、進まないトランスフォーメーション」と世間で揶揄《やゆ》されるＤＸだが、この職場ではＤＸアオリ虫が真の変革を推進する益虫へと変わっていった。動画でも解説しているので参考にしてほしい。
また、「チェンジ・ザ・ルール」を題材にした『コミック版ザ・ゴール３』（ダイヤモンド社）も出版しているのでご一読いただきたい。全体最適のサプライチェーン改革を学びたい方は『脱常識の儲かる仕組み』（アマゾン）をご覧いただきたい。

［動画でも解説！］

Summary
まとめ

あなたの「常識」は正しいのか？

「個々の効率を上げれば全体の効率が上がる」

この考え方は正しいのだろうか？

いかに個々の効率が高くても、それぞれの「つながり」が悪ければ全体として思ったような成果をもたらさない。

そして、仕事には様々な人や部署が関わっている。

それらが全く均等の能力を持っていることはあり得ない。仕事に関わる人や部署には「ばらつき」があるのだ。

「つながり」と「ばらつき」がある仕事の流れを考えると、どこかに制約が必ずある。その制約に集中して改善しないと、全体に成果はもたらさないのだ。

あなたの会社の評価指標は、部分最適を加速していないだろうか？

もし、部分最適に陥っているとしたら、全体最適へ「チェンジ・ザ・ルール」をすることで、必然的に目覚ましい成果がもたらされることになる。

Chapter 4

Bug Profile No.16

〈課題を見つけ「もっとお金を」と要求する〉

「カネクイ虫」

Damage：★★★★★

［DATA］

［名称］カネクイ虫

［主な生息地］政府、政治家、国会、行政、自治体など

［特徴］「7つの誘惑」と言われる甘いにおいを放つ呪術を使い、予算を食い物にして際限なく増えるのが特徴。特に、国や地方自治体の選挙、民間企業の予算シーズンに増殖することが知られている。「カネクイ虫」が大量発生すると、予算の無駄使いのみならず、仕事が際限なく増え、最悪の場合、組織を機能不全に陥らせる。

PROBLEM

「予算さえ使い切れば、結果は問わない」と考えている組織問題

「7つの誘惑」という呪術

「もっとお金を」「もっとテクノロジーを」「もっと組織変更を」「もっと研修とコミュニケーションを」「もっとデータを」「もっと責任の明確化を」「もっと戦略的計画を」……。

あなたの周囲で「もっと」「もっと」と連呼する声が聞こえてきたら、そこには「カネクイ虫」が潜んでいる可能性が極めて高い。カネクイ虫は「7つの誘惑」という甘いにおいで人を引きつける恐ろしい呪術を使う。

その7つの誘惑とは、**「お金」「テクノロジー」「組織変更」「研修とコミュニケーション」「データ」「責任の明確化」「戦略的計画」**だ。

これらを巧みに組み合わせて「もっと、もっと」と鳴き、より多くの予算を要求して際限なく増えていく。

問題なのは、**「予算さえ使い切れば、結果は問わない」**という、もはや生活習慣病ともいうべき病が組織に蔓延《まんえん》していると、深刻な合併症状を引き起こすことだ。「予算さえ使い切れば、結果は問わない」という生活習慣病の恐ろしさは言うまでもないだろう。

たとえ結果には結びつかないと誰もがわかっていても、予算は執行され、全部使われてしまう。こんなぬくぬくした環境はカネクイ虫にとっては最高のすみかだ。

昨今はDXブームもあり、「とにかくデジタル」という風潮が広がっており、カネクイ虫が放つ7つの誘惑に経営層はすぐに負けてしまう。

すると、ただでさえ忙しい現場はやることがどんどん増えてしまう。

万一、予算を余らせていたら「ちゃんと取り組んだのか」と上層部から非難を浴びるのは明らかなので、現場は「マルチタスク虫」だらけになる。

予算を使い切ることだけで力尽きてしまうケースもあり、組織が機能不全に陥るリスクが高い。

最悪の場合、なんとしてでも予算を使い切らなければとの意識が不正を誘発し、世間や社内を揺るがすスキャンダルに発展する。厳重な注意が必要だ。

やってはいけないダメ解決策

こうした状況を改善しようと、第三者による監査組織が立ち上がることもある。

だが、それはさらに深刻な状況をもたらす。

ただでさえ忙しい現場は監査対応の仕事が増え、「適切に予算を使った」ことを示す証拠づくり（別名：アリバイ工作）に追われることになる。官の組織の場合、国民の税金を無駄使いしてはならないという責任感から、証拠づくりのための書類が増え、ハンコも増え、仕事は滞る。

監査に用いられるのが、ＰＤＣＡと言われる継続的改善のサイクルだが、組織に「シーエー虫」が住みついていると、Plan DoよりもCheck Actionに重点が置かれることになる。年間を通じて予算が適正に使われたかどうかをCheckし、Actionを提言するのだが、その作業にはたいてい数カ月は要する。

結果が出る頃にはすでに次の期が始まっており、この提言が翌期に生かされることは論理的にあり得ない。

さらに、「成果が出るのに時間がかかる」「成果は数字で計れるものではない」などという風説がある業種・業界の組織になると、カネクイ虫には居心地がよく丸々と太っていく。そうした組織では予算を策定する時点で目標があいまいで、手段が目的化している場合が多い。つまり、予算を使い切れば結果は問われない。

恐ろしいのは、監査する組織から出される提言がカネクイ虫に更なる栄養を与えることになりかねないことだ。

「もっと責任の明確化を」「もっと戦略的計画を」といった趣旨の文言が盛り込まれ、カネクイ虫の7つの誘惑が強化されてしまう。一部では、監査組織もカネクイ虫が7つの誘惑を使って操っているとの研究もあり、そのメカニズムの解明が待たれている。

〔退治方法〕「つなげて見る」

7つの誘惑というカネクイ虫の呪術から解放される画期的な方法が、近年開発された。賢明な読者ならすでにお気付きかと思うが、7つの誘惑は会社や職場が抱える目先の課題に対処するために予算を増やすことが引き金になっている。

システムの複雑性について

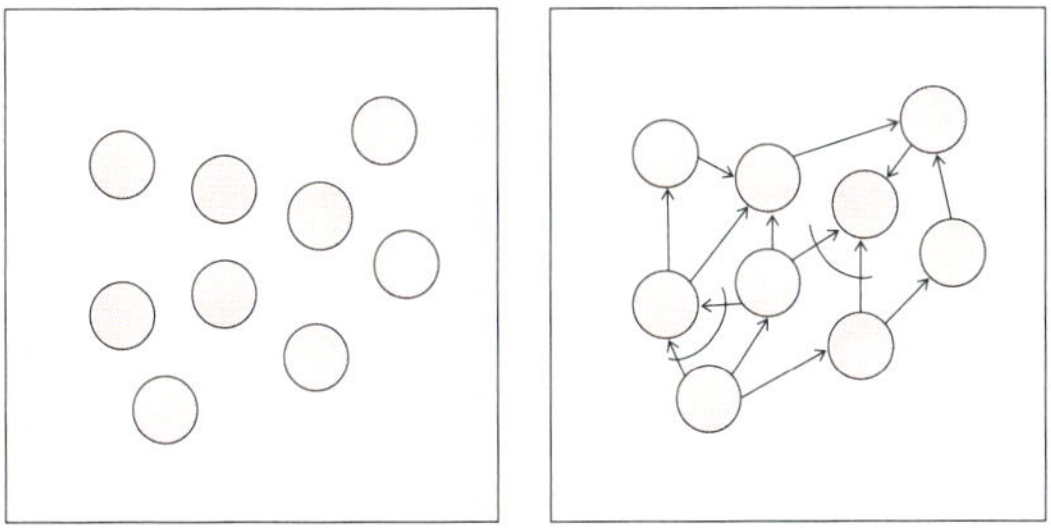

◎どちらが複雑か?
◎つながりの因果関係に注目してみましょう。どちらの方が解決しやすそうか?

つなげて考えると複雑に見える問題もシンプルに扱える!

対症療法に終始すると、仕事は増える一方で、根本問題の解決は一向に進まない。

目の前の課題に振り回されず、すべての問題の根っこにある根本的課題を見つけるにはどうしたらいいか。

まず、図Aと図Bを見てもらいたい。○は課題と考えてほしい。両方とも○の数は同じ。

違いは図Bでは矢印で○がつながれていることだ。図Aでは、課題がバラバラに見え、それぞれに対処しようと考えてしまう。

一方、図Bはそれぞれの課題のつながりが明らかになっている。つまり、矢印をたどって最も下にある○が、根本的な課題というわけだ。その課題を解決すれば、**全ての課題がドミノ倒しのように解消する。**つまり、全体最適の課題解決ができる。

この考え方は医療現場では常識的な考え方だ。

せきが出る。頭が痛い。熱が出る。それぞれに対して、咳には強力咳止めを、頭痛には強力頭痛薬を、熱には強力解熱剤を処方しても、もし、その原因が肺炎だったら、症状は一時的に軽減されたとしても病気は治らない。

それどころか、時を経るごとに悪化していき、さらに対症療法に明け暮れることになる。

医者ならば、様々な症状を問診し、仮説を立て、検査で確かめ、根本的な病気の治療に取り組むのが常識だ。

これと同様に、組織で起きる様々な課題についてもバラバラに対処するのではなく、因果関係を示す矢印でつなげて、根本課題を見つけ、解消する能力を身に付けることが大切だ。

そうすることで、7つの誘惑に負けない免疫力を身に付けられる。

なお、この方法は、拙著『全体最適の問題解決入門』(ダイヤモンド社)に詳しく説明されているのでご一読いただきたい。

［事例］7つの誘惑に負けないトレーニング

7つの誘惑の第一発見者は、米ユタ州の財務長官だったクリステン・コックス氏である。彼女と一緒に、先ほどの考え方をベースに幹部や職員向けにトレーニングプログラムを開発した。トレーニングそのものは2日。7つの誘惑に負けないための全体最適の課題解決手法を職員に身につけてもらうのが狙いだった。

その後、1カ月の実践期間とフォローアップのためのワークショップで成果と学びを共有した。さらに1カ月の実践と同様のワークショップを実施し、合計2カ月でカネクイ虫を退治する力を実践で身に付ける。

このトレーニングプログラムは、「7つの誘惑」の紹介から始まり、その誘惑に負けないために、組織にある様々な問題の症状をつなげて、根本問題を見つける。

これが、初日のプログラムの焦点だ。

今までバラバラだと思っていた症状のそれぞれのつながりを見つけるのは、楽しいらしく大いに盛り上がった。

2日目は、根本問題の解消策をみんなで考える。

一人ひとりが考えるよりも、みんなで根本問題の解消策を議論するのは楽しいし、様々なアイデアが浮かんでくる。

そのアイデアには副作用が潜んでいるかもしれないが、それも前もってみんなで解消策を議論していけば、解決策はよりロバストになり、今後1カ月のアクションプランが決まる。

1カ月後のフォローアップワークショップでは、成果発表を実施し、お互いに学びあう。次に「テイコウ虫」対策を学ぶ（114ページ参照）。そして、次の1カ月のアクションプランを決める。その後の成果発表の合格をもって、このプログラムの国際認定の資格が与えられる。

ユタ州には当時、165の省庁があり、それらの組織で生産性が25％以上向上した。中には2倍になった組織もある。

2019年にはユタ州の納税者のみならず、世界各地から1200人以上が集まり、カネクイ虫退治のカンファレンスを開催している。

この活動の成果はウェブ上で公開している。ユタ州のゲーリー・ハーバート知事（当時）が2019年のカンファレンスで、「すべての事例を州の納税者だけでなく、全米、全世界に公開してよりよい世の中をつくっていこう」と語ったのは印象的だった。

行政をダメにする7つの誘惑については、動画も併せてご覧いただきたい。

［動画でも解説！］

Summary
まとめ

あなたの「常識」は正しいのか??

「課題はひとつずつ、個別に対応しないと解決しない」

本当だろうか?
あなたの職場で次のようなことは起きていないだろうか?

・利益が上がらない↓コスト削減運動
・新商品開発の遅れ↓開発の進捗管理を強化
・会議と報告書がやたらに多い↓DX化を進めて煩雑な報告書作成作業を支援
・顧客満足度の低下↓顧客満足度を調査
・競争が激しい↓値下げで対抗
・シェアが低下↓シェア調査を定期的に実施し対策を検討

・営業力の低下→営業の進捗状況の管理を強化
・過剰在庫→在庫削減運動
・コストが上昇→原価低減運動を実施
・納期遅れが多発→納期遅れ率を月次管理

などなど……。

課題が持ち上がるたびに、それに対処する活動が始まる。その繰り返しだ。

もしも、このような状態に陥っているのなら、すでにあなたの職場にはカネクイ虫が大量に発生し、7つの誘惑にとらわれている可能性がある。

問題がバラバラに存在していることを前提に考えるのか、問題はつながっていると考えるのか、それが、「7つの誘惑」にとらわれるか、とらわれないかの分かれ目となるのだ。

Chapter 4

Bug Profile No.17

〈正しそうな顔をしてるけど当てにならない〉

「ヨソウ虫」

Damage：★★★★☆

DATA

［名称］ヨソウ虫

［主な生息地］営業や生産など、需要予測をしている部署

［特徴］「ヨソウ虫」が発生すると、需要予測が当たらなくなり、過剰在庫と欠品を引き起こし、会社の利益と売り上げを蝕む。営業と生産の間に険悪な関係を引き起こす根本原因ともいわれている。一部の地域では「ヨソク虫」とも呼ばれて、汚物に似た強烈な悪臭を放つ特徴に由来するとされる。

PROBLEM

需要予測が当たらず、無駄ばかり発生する組織問題

なぜ需要予測は当たらないのか？

「もっと正確な需要予測はできないのだろうか……」

もし、こんな思いを抱いたことがあるなら、そこに「ヨソウ虫」が発生している可能性がある。ヨソウ虫が発生すると、予想が外れ、過剰在庫と欠品が頻繁に起きるようになる。過剰在庫をディスカウント処分すれば利益が減り、欠品は売り上げが上がらない原因となる。

その責任は予想を外す営業のせいと生産側は考え、一方、営業側は市場の変化に柔軟に対応できない生産のせいであると考える。生産側は欠品すると営業に責められるので、「よかれ」と思って営業の予想よりも多めに生産するようになる。

だが、それが過剰在庫の原因になることも少なくない。すると過剰在庫を処分するために営業に余計な負荷がかかり、営業と生産の関係はさらに険悪になる。

ここで「予想」にまつわる衝撃の事実を紹介しよう。「予想」をカタカナで書くと「ヨソウ」となるが、それを後ろから読むと**「ウソヨ（嘘よ）」**となるのだ。「予想」を辞書で調べると次のように書いてある。

よそう【予想】
ある物事の今後の動きや結果などについてあらかじめ想像すること。また、その想像した内容。「暴落を―する」「―がはずれる」「―を上回る」
〔広辞苑第七版〕

そもそも「予想」という言葉はその言葉の定義上も当たらないことを前提としている。もう1つ「予測」にまつわる衝撃の事実も紹介したいが「ヨソク」を後ろから読むと汚い話になるので、ここでは控えさせていただく。だが「ヨソク虫」が汚物に似た強烈な悪臭を放つ理由はここから明らかだろう。

AIの導入が解決策にならない理由

この状況を決して見逃さないのが「DXアオリ虫」である。DXアオリ虫はAI（人工知能）による需要予測を提案し、過去のデータを基にデータサイエンティストがシミュレーションし、人手による需要予測よりも精度が高いことを示し、数千万円、時には数億円のシステム化を提案する。しかし、現実は予想通りにならない場合が多い。

将棋やチェスなどではすでに人間に勝ることもあるほどAIは、進化しているが、ゲームの世界と現実は異なる。ゲームの世界と現実の世界には次の3つの異なる前提がある。

異なる前提1：ゲームの世界では、ルールは不変だが、現実の世界はルールを変えられる。いや、むしろ業界のルールを変えたゲームチェンジャーが勝つ。

異なる前提2：ゲームの世界では、データの数値化が可能だが、現実の世界は必ずしもそうではない。売り上げに大きく影響を与える陳列方法の魅力、販売スキルの高さ、商品のかわいさ、かっこよさ、キャッチコピーの魅力など数値化できないものが決定的な要因になる。

異なる前提3：ゲームの世界ではデータが全部揃えられるが、現実の世界は必ずしもそうではない。特に販売に大きく影響を与える競合の商品、価格情報などを合法的にすべて揃えるのは不可能だ。

AIを導入すれば当たるか？

	チェス・将棋	現実のビジネスの世界
環境	ルール不変	ルールは変えられる。 むしろ、長年の業界の既成概念を変えたゲームチェンジャーが勝つ
数値化	出来る	陳列方法の魅力、販売スキルの高さ、商品のかわいさ、かっこよさ、 キャッチコピーの魅力など数値化できないものが決定的な要因になる
データ	揃えられる	販売に大きく影響を与える競合の商品、 価格情報などをすべて揃えるのは合法的には困難

そもそも一番大事なデータがないのに、AIに期待するのは筋違い

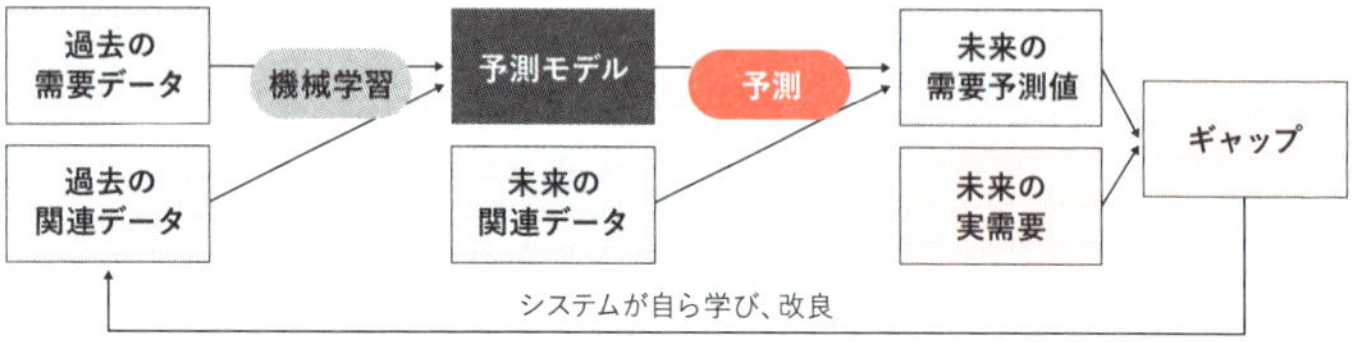

肝心の予測モデルはブラックボックス。人はわけのわからないものは信じなくなる

これらの3つの異なる前提からわかるように、**そもそも一番肝心なデータがないのに、ＡＩに期待することが筋違いと言える。**

莫大な投資をして導入したシステムなので、使わないわけにはいかない。だが、実際に運用を開始すると、ＡＩが予測する数字とベテランの直感が異なることも少なくない。

最初はＡＩの予測に従ってやってみるが思ったようにいかないことが多々あるため、予測モデルをさらに磨き上げることになる場合もある。予測モデルを磨き上げるＡＩサイエン

ティストのコストは極めて高価。するとITベンダーのDXアオリ虫をさらに太らせることにつながる。

AIがどんなアルゴリズムで予測しているかはブラックボックスである。人はわけのわからないものは使うのが嫌になり、せっかく莫大な投資をして導入したシステムは使われなくなり、現場の直感をベースにした予想に後戻りすることさえあるので注意が必要だ。

〔退治方法〕「ヨソウはウソヨ」と唱える

ここで明らかなのは、**現実は予想通りにはならない**ということだ。それを素直に認めるならば、「ヨソウ虫」に対するシンプルな特効薬が見えてくる。それは、「ヨソウはウソヨ」と呪文を唱え、**予想は外れるという前提で、市場の需要変化を素早くとらえ、在庫量を過不足なく調整しつづけることだ。**

次ページの図は、市場の需要変化をどうやって素早くとらえ、在庫量を調整するかを示

Chapter 4

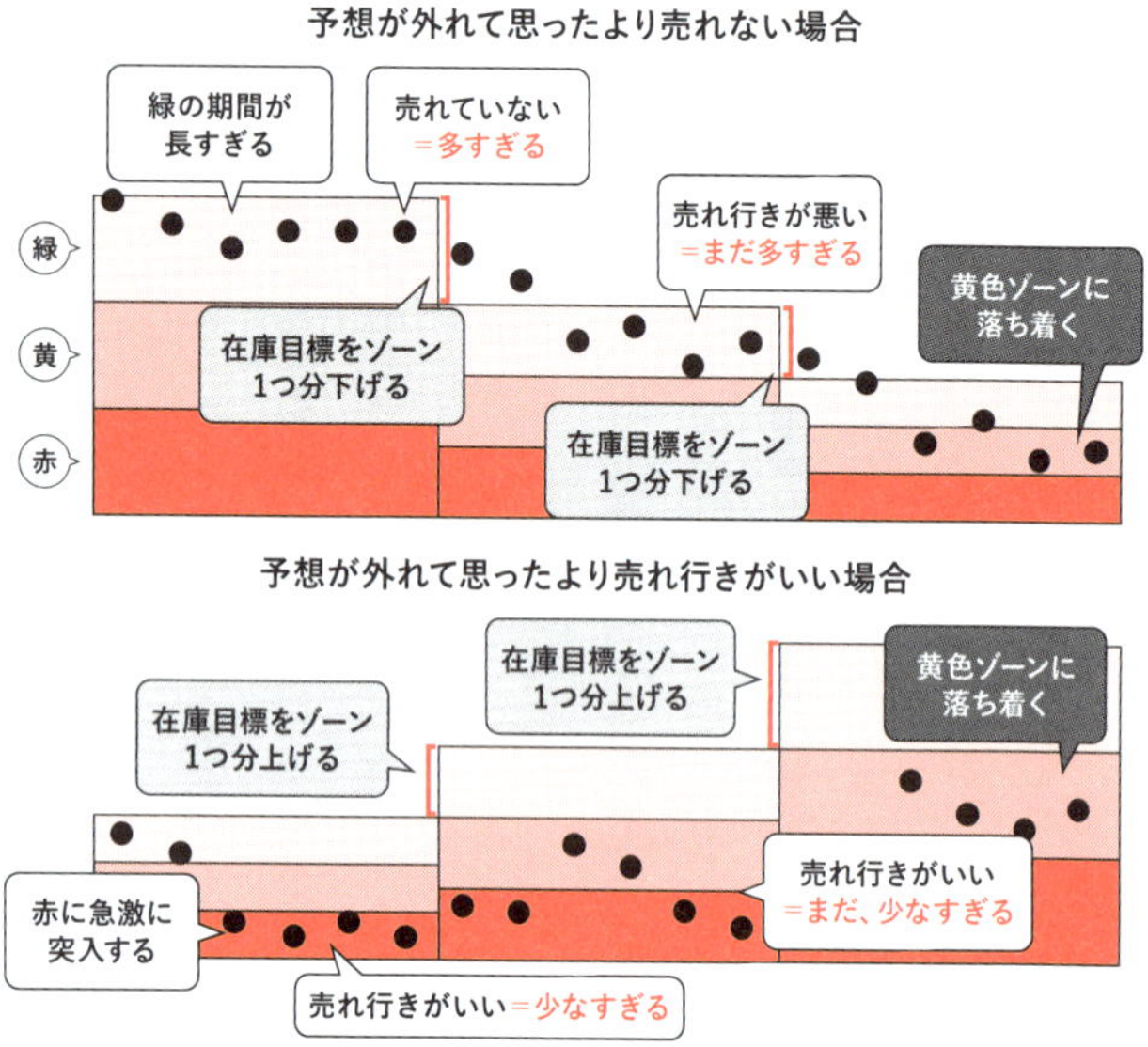

したもの。真中の黄色のゾーンは、売れ行きと生産スピードがほぼ一緒で、在庫量が適正であることを示している。予想が外れて思ったように売れない場合、必然的に在庫は増えて緑色のゾーンに入る。ならば、生産スピードを落として、売れ行きと一緒になる黄色に落ち着くまで調整する。

逆に予想が外れて思ったよりも売れ行きがいい場合、必然的に在庫は減って赤色のゾーンに入る。ならば、生産スピードを上げて、売れ行きと一緒になる黄色に落ち着くまで調整する。

市場の需要変化に合わせてダイナミックに適正在庫量に調整するメカ

ニズムを「ダイナミック・バッファ・マネジメント」という。このアルゴリズムを使えば、数千万を超えるＳＫＵ（Stock Keeping Unit：在庫保管単位）のオートパイロットも可能になる。この詳細については、『脱常識の儲かる仕組み』（アマゾン）を出版しているので参考にしてほしい。また動画でも説明しているのでご覧いただきたい。

［動画でも解説！］

［事例］数億円投資したＡＩ需要予測システムが無駄に

３００店舗近くを展開するアパレルチェーンメーカーＫ社は、過剰在庫と欠品に悩んでいた。「欠品は悪」というのがこの会社の創業者の持論である。それを防ぐためには、在庫を多めに持つことが慣習となっていたが、一方で、変化の激しいファッション業界において、過剰在庫は常に頭の痛い問題だ。

売れ行きの悪い商品は、シーズン中にもかかわらず値下げされることも多く、在庫を減らせと厳しい指導が現場に行われる。在庫を減らすと今度は欠品が起きてしまう。

すると、欠品を減らそうと在庫を増やして過剰在庫となる。このイタチごっこの状態を何とかしようと、国際的に有名なコンサルティング会社に委託し、ＡＩによる最先端の需要予測モデルをウン億円かけて開発、このプロジェクトは「プロジェクトA」と名付けられ、世間の脚光を浴びていた。

プロジェクトAは、天候、気温や過去のデータから機械学習し、来客数予測精度は明らかに上がり、AIの威力を示す象徴とまで産業界で評価されるようになった。

だが……。

実際に在庫状況を調べてみると、過剰在庫と欠品は減っていない。なぜなのか、関係者が首をひねり明らかになったのは、来客数がより正確になっても、どのタイプの服か、どの色か、どのサイズが売れるのかがわからないからであった。

ファッション業界には膨大なSKUがある。その単品レベルまで予測を当てないと過剰在庫と欠品は減らないことが明らかになった。

一時期は産業界で脚光を浴びていた「プロジェクトA」も、AI導入失敗事例として産業界で揶揄されるようになっていた。

◉在庫半減で売り上げは15%もアップ

この会社に「ヨソウ虫」が蔓延しているのは明らかだった。そこで、早速「ヨソウはウソヨ」という呪文を唱え、予想は外れるという前提で「ダイナミック・バッファ・マネジメント」を導入した。単品に至るまで、在庫の状況が色で一目でわかる。

売れないものをつくりたい生産の人はいない。

予想より売れていなくて在庫の量が緑色なら、真ん中の黄色の適正在庫になるように生産を調整する。一方、予想よりも売れて在庫の量が赤色なら、真ん中の黄色になるように生産を調整する。すると、スタートしてわずか1カ月で欠品も過剰在庫もみるみる減って適正在庫が保たれるようになった。

営業も当然ながら、この色を見ている。

営業がいちいち指示しなくても、生産が自律的に市場の売れ行きに連動して生産してくれることで、今までの需要予測の作業からも解放され、販売に集中できるようになった。険悪だった生産・営業の関係も劇的に改善。両者が協力し合うようになり、「月曜日が楽しみになった」という声が現場から聞こえるようになった。

1シーズンが終わり成果をまとめると、在庫は半減しながらも、売り上げは15％アップという目覚ましい成果となった。この会社の以前の欠品率は3％なのに、欠品を解消したら15％も売り上げが上がったのには、創業者も驚きを隠せなかった。

実は、この結果は前もって論理的に予測されていた。欠品するのは当然ながら売れ筋である。売れ筋の回転率はその他の商品よりも5倍ほど回転率が高いので、3（％）×5＝15（％）の売り上げが上がるのは当然の結果なのだ。このメカニズムは動画でも紹介しているので参考にしてほしい。

［動画でも解説！］

Summary
まとめ

あなたの「常識」は正しいのか？

欠品と過剰在庫を減らすためには予測精度をあげなければならない。

これは本当だろうか？

もしも、あなたの会社で、予測精度を上げることに取り組んでいるならば、お金を無駄使いしてしまう可能性が高い。一度立ち止まって「ヨソウはウソヨ」と呪文を唱えるのも悪くないのではないだろうか。

Chapter 4

Bug Profile No.18

PROBLEM

利益が出ているはずなのに、赤字になっている組織問題

〈数字をゆがめ赤字に染める〉

「ゲンカ虫」

Damage：★★★★★

DATA

［名称］ゲンカ虫

［主な生息地］経理財務部、経営企画部、経営幹部、工場の経営幹部など

［特徴］人に幻覚を引き起こす物質「ハイフ」をあちらこちらにまき散らす毒虫。特にエクセルなどのスプレッドシートの数字をゆがめ、赤字に染めることで、誤った意思決定を誘発する。最悪の場合、組織を死に至らせることで恐れられている。

「ゲンカ虫」が持つ毒素「ハイフ」の恐ろしさ

「この製品は原価割れになっている。撤退すべきだ！」

本当は儲かっているはず、と直感しているのに、なぜか赤字扱いされることに違和感を覚えたら、あなたの職場に恐ろしい毒虫「ゲンカ虫」が侵入している可能性が高い。ゲンカ虫が侵入すると、人に幻覚を引き起こし、数字が大きくゆがんで見える。エクセルなどのスプレッドシート上では、ゆがむだけではなく赤字に見えるようになる。

「ゲンカ虫」の毒液の成分は「ハイフ」と呼ばれている。ハイフが組織中に行き渡るのは極めて早く、あらゆる組織のスプレッドシートに記載されている製品原価に、本社費用などの様々な経費が恣意《しい》的に配賦され、本当の費用よりも製品原価を高く見せる。数字上の幻覚効果で、多くの数字がゆがみ、赤字に化けてしまう。

Chapter 4

数字が赤字に化けた製品は、しばらくはコストダウンの努力が続けられるが、現場の一生懸命な努力にもかかわらず赤字が消えないことも多い。その場合、これ以上の幻覚症状が他の組織に波及するのを防ぐために、赤字製品を切り捨てざるを得なくなる。

すると、切り捨てられた製品の分だけ売り上げが減り、残った個々の製品に対する本社からの配賦はより大きくのしかかる。今まで黒字で書かれていた数字が赤字に化けるケースがいたる組織で多発する。

儲からない商品は許されないので、**赤字になった製品をさらに切り捨てる。その結果、また残った製品への配賦が増えて……といった具合に負のサイクルが止まらなくなる。**

さらに悪いことが起きる。

赤字で撤退した製品の注文は、当然ながら競合他社に行く。

競合他社の売り上げは増え、量産効果も手伝ってコストダウンも進み価格競争を仕掛けられ、自社の経営はさらに激しくなる。

会社は縮小し、事業の継続さえ難しくなる。ハイフという毒素を持つゲンカ虫は、最初は個々の製品を赤字にするだけだが、放置すると連鎖反応で、会社全体を赤字に追いやり、死に至らしめるほど恐ろしい害虫である。

従業員のリストラは最悪の対策

赤字の製品が増えてくると、製品を切り捨てるだけでなく、数字を黒字に見せるため、人まで切り捨てるリストラをするようになったら最悪だ。リストラをすると、一般的に優秀な人から辞めていく。優秀な人は引く手あまただ。

優秀な人の転職先は、主に同業他社、つまり競合の場合が多い。すると、競合の開発力がますます上がり、相対的に自社の競争力はそがれ、未来が見えないお先真っ暗な状況となる。

［退治方法］「配賦」の項目を除去するだけ

「ゲンカ虫」を退治する即効性の特効薬がある。それは、スプレッドシートに忍び込んだ**「ハイフ」という項目を消すだけだ。**すると、幻覚は即座に治る。しかも、赤字に化けて切り捨て対象だった多くの製品が黒字に戻る。

そもそも、本社経費と製品原価に論理的な関連性は全くない。**それなのに製品の売り上げなどに応じて本社経費などを配賦することは、関連性のないものに関連性をつけるという論理的な誤りを犯している。**

実はこのことはすでに、会計学を学ぶ人なら読まない人はいないと言われるほどの名著『レレバンス・ロスト』（白桃書房）で指摘されている。レレバンス・ロストとは文字通り「適合性喪失」という意味だ。

この中で、ジョンソン、キャプランの2人は「ここ60年を見れば、会計研究者は財務会計情報の中から経営管理上の適合性を捏造《ねつぞう》することに多くの精力を注いだ」と指摘。「原価管理目的に対して整合性を損失した原価計算」と結論付けている。

さらに詳細を知りたい場合、動画でも解説しているのでご覧いただきたい。また、論文「財務諸表に仕事の流れを見る会計の流体力学（Fluid Dynamic Accounting）」を出しているので参考にしていただきたい。

［動画でも解説！］

［論文はこちら！］

【事例】ハイフによって経営危機に陥った電機メーカー

電機メーカーE社は深刻な経営危機に陥っていた。ゲンカ虫が大量発生し、ハイフの毒素が組織のあらゆるところに浸透してしまったからだ。スプレッドシート上の数字が次々と赤字になるという緊急事態が発生していた。

この事態をなんとかしようと、組織を挙げて「原価低減プロジェクト」が立ち上がった。それにより、一部の製品が黒字に戻ったが、グローバルの激しいシェア争いで低価格競争が激化。一時的に黒字になった製品は赤字に再び転落する事態となっていた。

原価低減プロジェクトは本社主導で行われることになり、個々の製品原価を再検討するチームが立ち上がった。しかし、ハイフという毒素に冒されたスプレッドシートを見ても、数字はゆがめられており本当のコストが見えず、「儲かっているのかどうか、さっぱりわからない」という悲鳴に近い声まで現場から出てくる始末だった。

赤字になった製品をこのまま放置することはできない。赤字額の大きい製品から順に市場からの撤退を検討することになった。赤字額が大きいのは低価格製品だったが、全社売上高の約6割を占めており、「つくればつくるほど赤字になる」という状態を止めること

Chapter 4

が急務だった。

しかし、撤退すると即座に売り上げが6割減になるため、売り場における存在感もなくなりブランドイメージも下がり、企業としての事業継続さえ危ぶまれる状況であった。

早速、幻覚作用を持つ「ハイフ」をスプレッドシートから除去する緊急処置が行われた。配賦の項目を消すだけで赤字になっていた多くの商品が、たちまち黒字化していった。さらに、どの製品がどれだけ会社に利益をもたらしているかも明らかになった。

しかし、懸案の低価格製品はいまだに赤字。それだけは撤退せざるを得ないかと思われたが、「競合他社だって同じ部品を使っている。生産技術は決して負けてない。競合他社が儲かっているのに我々が儲かっていないはずがない」という現場の悲痛な声を受けて、さらにスプレッドシートを探索していくと、驚きの発見があった。

◉「カンパニー制」の罠

この会社は、カンパニー制を導入している。生産は「生産カンパニー」が担当し、販売は「販売カンパニー」が担当。それぞれが利益を稼ぐ仕組みになっていた。ハイフという毒素により赤字になった製品が載っていたスプレッドシートは、生産カンパニー単体のシートであった。そこには、この製品が販売カンパニーで稼ぐマージンは入っていなかったのだ。そこで販売カンパニーが上乗せしていたマージン8％を加えると、見事にすべての製品が黒字になったのだ。

高価格製品と比較すると、問題となっていた低価格製品のマージンは小さい。だが、生まれる売り上げは大きい。当たり前のことだが、個々の製品マージンは小さくとも、売り上げが大きければ掛け算で稼ぎは大きくなる。「つくればつくるほど赤字になる製品」と思われていた製品は、会社に「大きな儲けをもたらす製品」だった。

こうなれば意思決定は180度変わる。赤字をこれ以上増やさないように、低価格製品の生産にブレーキをかけていたのを、アクセルに踏みかえ生産を加速することになった。販売個数が増え売り上げも拡大。すると、個々の製品に対する配賦の負担も小さくなる。スプレッドシート上の配賦の項目を戻したとしても、すべての製品が黒字に変わった。

ハイフの解毒を完了したところで、今後、ゲンカ虫が再び侵入しないように予防措置もとることにした。すべての意思決定は、配賦を排除した上で、生産・販売の垣根なく会社全体にどれだけの儲けをもたらすかを基準に意思決定することにした。

これを「生販連結会計」と名付け、組織中に浸透させた。その結果、会社の業績はV字回復し、そこから飛躍的に上昇することになった。

Summary
まとめ

あなたの「常識」は正しいのか？

あなたの会社の原価には、配賦は入っていますか？

もしも、配賦が入っているとしたら、関連性のないものに関連性をつけるという論理的な誤りを犯していることになる。

ゆがめられた数字で判断するよりも、「会社全体にどれだけのお金が入ってくるか」ということで意思決定したほうがずっといいし、論理的に正しいのは言うまでもない。論理的に正しい意思決定をすれば、結果は必ずついてくる。

PROBLEM

コストダウンしているのに、コストが上がる組織問題

Bug Profile No.19

〈海外生産を手がける会社に生息する〉

「ザイコフヤシ虫」

Damage：★★★★★

DATA

［名称］ザイコフヤシ虫

［主な生息地］海外に生産を移管してきた会社。海外生産を展開している会社

［特徴］海外生産によって、計算上はコストダウンができるため、長年「益虫」と考えられてきたが、その裏ではせっせと在庫を増やし、会社をメタボ体質にして、資金繰りを悪くし、経営危機に陥れる恐ろしい害虫であることが近年明らかになった。

コストダウンを帳消しにする「ザイコフヤシ虫」

「海外生産に切り替えてコストダウンしたはずなのに、なぜ儲からないんだろう……」

もし、こんな疑問を持ったことがあるなら、あなたの会社に「ザイコフヤシ虫」が侵入している可能性が高い。コストダウンという至上命令のもと、海外と国内の生産コストを比較していると、その匂いを嗅ぎつけザイコフヤシ虫がひそかに忍び込んで来るので注意が必要だ。

日本企業の多くはこれまで、海外生産に移管したほうがコストは下がり、会社はより儲かると考えてきた。だが、そこには大きな落とし穴がある。海外生産はリードタイムが長くなることだ。

リードタイムとは、一言で言えば発注してからモノが届くまでの時間のこと。**リードタ**

イムが長くなると、その分だけ不確実性にさらされる時間が長くなる。つまり、リスクが高まる。

そして、変化に柔軟な対応ができなくなる。売れ筋が欠品したら機会損失になるため、リードタイムが長くなる分より多くの在庫を持つことになる。必然的に増えた在庫金額分だけ資金が寝ることになる。

市場の変化は速く、今まで売れていたものが急に売れなくなることは日常茶飯事。不良在庫を抱えるとリスクが高くなる。リードタイムが長いと変化に柔軟に対応できずに緊急出荷が増え、通常船便で出荷していたものを輸送コストを10倍かけてでも航空便で出荷す

リードタイムが長くなるとどうなるか?

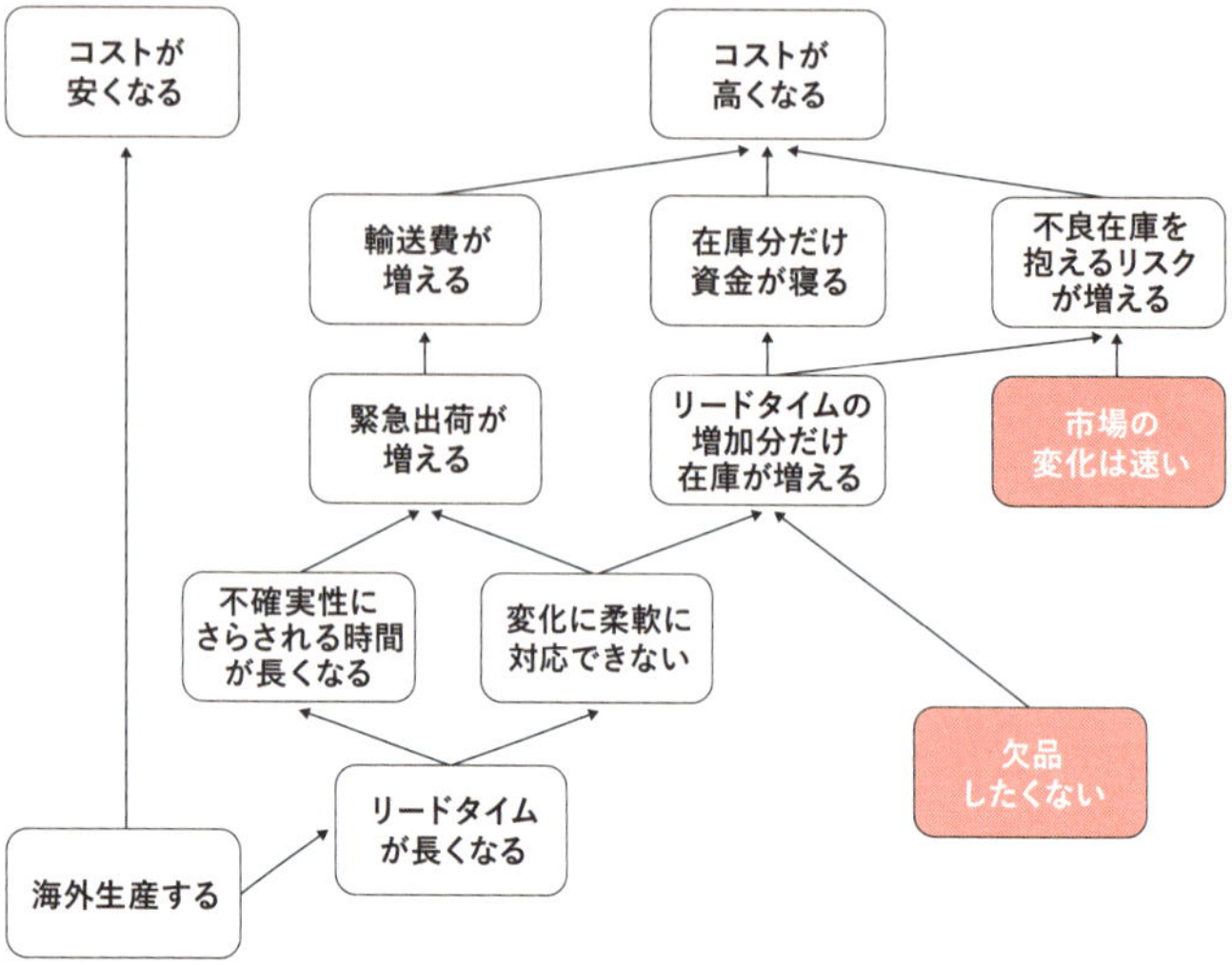

る場合も出てくる。その結果、海外生産でコストダウンをするという目論見は外れ、コストアップという現実に直面することになる。

1 在庫が増える
2 資金が寝る
3 不良在庫を抱える可能性が高くなる
4 変化に迅速に対応できなくなる

こうした海外生産移管に伴うマイナス要因は、「リスク」というほど生易しいものではない。リードタイムが長くなると必然的に起きる「現実」だ。

だが、コストが下がるという幻想に取りつかれた関係者には、それが見えない。この状況が、ザイコフヤシ虫に居心地のいい環境を与え、丸々と太らせ、会社をメタボ体質に変えていく。

「ザイコフヤシ虫」はかつて益虫だった

この問題は、商品寿命が長く、つくれば売れた時代ならば顕在化しなかった。在庫が増えてもいつかは売れるからだ。だから、ザイコフヤシ虫は「益虫」と長年考えられていた。

だが、現在のような変化の激しい時代においては、話が変わる。今売れ筋だったとしても、将来ずっと売れるとは限らない。過剰在庫になると、ディスカウントして売るしかない。すると、せっかくのコストダウンの努力は水の泡。利益は上がるどころか下がってくる。今まで積み上げてきたブランド価値さえ、大きな痛手を被ることになる。

ザイコフヤシ虫がはびこった現場ではもう1つ深刻な副作用が起きる。それは予測が当たらなくなることだ。予測する期間が長ければ長いほど、予測が難しくなるのは言うまでもない。

国内生産では1週間もあれば製品が届くのに、遠い海外で生産すると発注してから4週間とか8週間とか、ひどい時には12週間後に届くことも珍しくない。1週間後の予測と12週間先の予測ではどちらが当たる確率が高いかは言うまでもないだろう。

当たらない予測をベースに生産すれば当然、過剰在庫や欠品が起きる。この欠品に対する恐れが、さらに在庫を増やす。欠品は顧客満足度を下げ、営業や経営幹部からも怒られる。担当者は欠品しないように多めに生産するようになる。これがザイコフヤシ虫にさらに居心地のよい環境を提供する。

［退治方法］リードタイムを短くする

ザイコフヤシ虫の特効薬は、すでに明らかになっている。リードタイムが長くなると大量に発生するので、逆にリードタイムを短くしてザイコフヤシ虫が入る余地をなくせばいい。

この財務効果は劇的と言っていいほど大きい。これを理解するために、次の問いを考えてみてほしい。

・100万円を銀行に預けたら1年で金利はいくらですか？
・もし、100万円預けて年10％の金利商品があったら、1年でいくら儲かります

Chapter 4

か？

・それが6カ月で利子10％だったら、1年でいくら儲かりますか？

・それが1カ月で利子10％だったら、1年でいくら儲かりますか？

・それがさらに10日で、利子10％になったら、どうでしょうか？

10日で10％は、ナニワのほうでは「トイチ」と称され、お金がお金を生む理屈である。ここでの学びは、お金を生む時間を短くすることは、大きな利益を生むということである。つまり、**リードタイムを短くすることは、儲けるスピードを上げるということになる。**しかも、みなさんの商品の粗利は、おそらく10％よりも高いはず。それは、多くの方々の知恵と工夫が詰まっているから付加価値が高いのだ。すると、「トイチ」どころではない儲けが見込めるビジネスモデルができることになる。

逆にリードタイムを長くすることは、儲けるスピードを下げるということを理解しなければならない。ましてや、変化の激しい時代においては、先ほど述べた必然的に起きるマイナスのダメージは大きいことを肝に銘じる必要がある。

ここで、世界の工場を変えたと言われる名著『トヨタ生産方式』の英語版（ProductivityPress社）の序文に書かれている著者、大野耐一氏の金言を紹介したい。

"All we are doing is looking at the time line,from the moment the customer gives us order to the point when we collect the cash.And we are reducing that time line by removing the non-value-added wastes"
（我々が行っているすべてのことは、お客さまから注文をいただいてからキャッシュを回収するまでの時間を見ることである。そして、付加価値のない無駄を取り除くことによって時間を短くしているのである）

［論文はこちら！］

［動画でも解説！］

コストダウンよりも儲けるスピードを重視することが大切なのだ。

大野耐一氏をマイヒーローとして尊敬してやまなかった『ザ・ゴール』の著者ゴールドラット博士は、大野耐一氏の偉業は、在庫という概念を「資産」から「債務」に変えたことだと看破し、『ゴールドラット博士のコストに縛られるな！』（ダイヤモンド社）で、「スループット会計」を発表した。

スループット会計に関する論文「財務諸表に仕事の流れを見る会計の流体力学」を発表しているので、ご覧いただきたい。また、動画でも解説しているので参考にしてほしい。

［事例］リードタイム短縮で「ザイコフヤシ虫」を撲滅

大手家電メーカーJ社は、新興国の価格攻勢に対抗するために、コストダウン活動の名のもと、海外生産を加速した。その結果、ザイコフヤシ虫が増殖し、在庫回転期間が180日を超えるほどにまで膨らんでいた。これは、工場でつくったものが平均で180日後、つまり半年後に店頭でお客様がお買い上げになるということである。

また、平均180日というのは、あくまでも平均なので、数学的には180日よりも多い在庫がほぼ半分あるということである。こうした過剰在庫は当然ながら、ディスカウントされて売られることになる。

長年グローバルに高く評価されていたブランドの価値は台無しになり、利益も低迷し、ついには赤字に転落した。

在庫が増えた理由は、海外への生産移管だけではなかった。

大洪水の被害で、工場復旧まで4週間近くもかかり、それで取引先に大きな迷惑をかけた経験もあり、BCP（Business Continuity Planning）の一環として、安全在庫を4週間持つことにしていたことも災いした。

さっそく、ザイコフヤシ虫一掃のためにリードタイム短縮に取り組むことになったが、そこには大きな壁が立ちはだかった。一番いいのは国内生産に戻すことだが、コストが2割以上高くなってしまうということだった。

海外生産も国内生産も同じ部品を使っているのになぜコストがこんなに違うのか？ それは、原価計算に使っているエクセルシートを調べることですぐに明らかになった。この会社には、ザイコフヤシ虫だけでなく、恐ろしい「ハイフ」という毒液を持つ「ゲンカ虫」（216ページ参照）が侵入していたのだ。

つまり、国内生産品には、本社経費など様々な経費が配賦され、ゆがめられた数字をもとにコストが高いと誤って判断されていた。早速、配賦を外してみると、国内生産でも、十分に競争力があることが明らかになった。

国内工場は海外生産移管のあおりを受けて、つくるものがほとんどない状態が続いていたが、「マザー工場」と名乗り、世界各地の生産拠点に対してモノづくりを指導する役割を担って存続していた。

聞けば、この工場は数年前まで、産業界の模範ともいえる技術力を誇り、トヨタ生産方式も導入してトヨタ自動車関係者さえ見学に来る高いレベルになっていたとのこと。リードタイム短縮のために、国内販売向けの商品は国内生産への回帰が決まって関係者を喜ばせたのは言うまでもない。

長年培った技術力とノウハウを活かし、部品さえあれば午前中までに受注したものは当日出荷できるオペレーションを構築。

全国ほとんどの地域で、翌日には商品が届く状態になり、無駄な在庫は激減し、サプライチェーン上の在庫を7日で回せるようになった。在庫処分のためのディスカウントも必要なくなり利益は急速に回復した。

インバウンドの影響もあって「Made in Japan」製品の人気は高まっており、「Made in Japan」のプレミア商品も開発。輸出も始めさらに利益を押し上げることになった。

さらに、マザー工場の任務として海外工場にも同様のオペレーションを展開。急成長する東南アジアの市場に対して、7日の在庫で回すオペレーションを実現し、わずか4年で売上倍増を果たすことになった。

Summary
まとめ

あなたの「常識」は正しいのか？

コストダウンすると利益が増える——。

これは本当だろうか？

もしも、あなたの会社のコストダウン活動のせいでリードタイムが増え、在庫が増えているようならば、誤ったコストダウンをしている可能性がある。その場合、儲けるスピードを上げるためにどうしたらいいかを考えるのはいかがだろうか？

Bug Profile No.20

〈多くの職場に蔓延する、日本企業最大の敵〉

「セイカシュギ虫」

Damage：★★★★★（最恐で最悪）

[DATA]

［名称］セイカシュギ虫

［主な生息地］欧米流を盲信する人事部門、日本全国の職場

［特徴］「年功序列制度」の問題を退治する益虫として1990年代に海外から持ち込まれた外来種。評価に対する不満、モチベーションの低下、個人主義の横行など職場に大きなストレスを巻き起こし、現場を疲弊させる。特に、人事評価の季節に大量発生し、職場の風土を破壊的に悪化させる。

PROBLEM

「失われた〇〇年」でダメになった組織問題

「セイカシュギ虫」が引き起こす恐ろしい副作用

「こんな理不尽な会社、もう辞めたい……」

評価の季節になる度にこんな思いに駆られたことがあるなら、あなたの職場に「セイカシュギ虫」がすでに蔓延している可能性が高い。

セイカシュギ虫は、年功序列を採用してきた日本企業が膨れ上がった人件費を抑制するために、欧米流の成果主義とともに広がった外来種だ。

成果主義は、成果に見合った賃金により社員一人ひとりのモチベーションを高める一方、成果の上がらない社員への給与は抑制できるというふれこみだった。

ところが、日本の職場に導入すると、セイカシュギ虫が様々な副作用をもたらすことが明らかになった。

評価に対する不満、モチベーションの低下、個人主義の横行によるチームワーク崩壊などだ。激しいグローバル競争では戦う相手は世界のライバルのはずだが、セイカシュギ虫が蔓延した職場では社内の競争を強く意識するようになるためである。

部下の評価を上げ下げするアメとムチを操り、圧倒的優位な立場にあぐらをかく上司が増殖する。結果にケチをつける「シーエー虫」に侵されたダメ上司がいる職場では問題はさらに深刻で、人事評価の季節には些細な失敗を掘り起こして部下にダメ出しを続け辟易させる。

社員は失敗を恐れるようになり、「シッパイコワイ虫」も増殖する。その結果、皆が目標を低めに設定してしまい、各自の能力が十分に発揮されず業績向上の足かせとなる。

こんな状況が長年続くと、激しいグローバル競争に勝てるわけもない。「失われた○○年」といったレッテルが日本の企業に貼られた真の原因は、セイカシュギ虫にあるといっても過言ではない。

マルチタスクで消耗する人事

このような状況からなんとか抜け出そうと、経営幹部は人事部門に強いプレッシャーをかける。対応に迫られた人事担当者は、評価基準を明確にしたり、報酬体系を見直したり、360度評価を導入したり、ジョブ型人事を導入したりと、矢継ぎ早に人事改革に着手する。

しかし、目立った効果が出ることはほぼなく、むしろ、評価に対する不平・不満が増えて人事担当者をより苦しめる。

このような状況は「DXアオリ虫」の大好物でもある。最先端の人工知能（AI）を搭載した「HRテック（Human Resource Technology）」を導入する会社が増えているが、思ったような成果が出ないのに「先進的」という言葉に魅惑され、肝心の「成果」を忘れる会社は後を絶たない。

指先1本、スマホでいつでも転職できる時代だ。成長意欲の強い優秀な社員ほど、常に成長できる環境を探している。危機感を抱いた経営者は離職率を引き下げろと人事部門に指令を出し、慌てた担当者はコンサルなどを使って従業員満足度やエンゲージメントの向上にも取り組む。

「人的資本主義」の重要性が叫ばれる昨今、経営者はこうした取り組みに満足げだが、人事担当者は効果を実感できないまま増え続ける仕事で「マルチタスク虫」に取りつかれ、最悪の場合メンタルに不調をきたすようになる。

〔退治方法〕「成長主義」を実践する

だが最近、セイカシュギ虫を退治する特効薬が開発された。それは、「成果主義」を「成長主義」に改めることだ。

「過去は変えられるだろうか？」「未来は変えられるだろうか？」

私たちが人生で使える時間は限られている。**ならば、「変えられない過去」よりも「変えられる未来」に時間を使ったほうがいい。**成果主義とは、「変えられない過去」をあーだこーだ評価するものだ。そこに人生の貴重な時間を振り回されるのはもったいない。「変えられる未来」に向かって集中して時間を使う**「成長主義」**のほうがはるかに効果的なのは言うまでもない。

成長主義を実践する3つのステップ

実践も極めてシンプルだ。次の3ステップだけでいい。

1 ステップ1　自分の人生の目標を決める
2 ステップ2　成長のために何に集中するか決める
3 ステップ3　成長を振り返り、次に何に集中するか決める

ステップ1で人生の目標をワクワクするものに設定するコツがある。それは、**「仕事の目標」と「人生の目標」をオーバーラップさせることだ。**平日起きている時間のほとんどを仕事に使うのだから、仕事の時間も自分の「人生の目標」達成のために使わないともったいない。「仕事の目標」と「人生の目標」の重なる部分が見つかれば、「やる気」が内側から湧いてくる。

「充実感がない」と嘆く人は少なくないが、そのほとんどの原因は人生の目標がないからだ。目標がなければ、自分がそれに近づいているかどうかさえわからない。達成不可能と

ワクワクする目標「ザ・ゴール」設定のコツ

仕事での成功と、なりたい自分の実現が
オーバーラップするように!

起きている間のほとんどを使う仕事の時間を
自分の人生の目標のために使わないと、もったいなくないですか?

思える目標でも、目標さえあれば、成長を実感できる充実した日々が始まる。

ただし、**決してやってはいけないことは、他人から与えられた目標を人生の目標にすることだ。**それは、他人の人生を生きることに他ならない。自分の人生の目標は自分で決める。充実感を得るには、それこそが大前提だ。

ステップ2では、これから成長のために何に集中するか決める。あれもこれもと取り組んでもマルチタスクになるだけで成果は望めない。できれば1つ、多くても2、3個の課題に集中して取り組む。「仕事の目標」と「人生の目標」のオーバーラップが大きければ

大きいほど、自身の成長は会社の業績に貢献することになるので上司の支援も得られやすくなる。

ステップ3は、1カ月から3カ月ほど経ったころに行う。成長を振り返り、次に何に集中するか決める。上記の課題に取り組んだ結果どんな能力を身に付けたかを振り返るのだ。自分では気付きにくい成長も、実際に自らの言葉で表してみると、意外に自分の成長に気付くことも少なくない。そして、その成長を土台に、次の期間でどういう課題に集中して取り組むのかを考えるのだ。

成長主義の実践については、動画でも解説しているので参考にしてほしい。

［動画でも解説！］

【事例】ITブームに乗ってIPOしたS社

急成長してきたITベンチャーS社が上場した目的は優秀な人材の獲得だった。売り上げの増加に社員の成長が追いつかず、優秀な人材を獲得して即戦力にしようと創業社長は考えていた。

上場後、社長は早速ヘッドハンティング会社を活用して経営人材や技術者を次々と採用。しかし、思惑に反して、売り上げは2年連続でズルズルと下がり、株価も低迷。株価純資産率（PBR）は1倍を大幅に下回ってしまった。創業期から一緒に働いてきた優秀な技術者たちは次々と離職。ヘッドハンティングした経営幹部や技術者も辞めていく厳しい状況に直面した。

職場では、評価への不満が渦巻き、モチベーションは低下。どうやら、上場を機に大企業から転職してきた人事部長とともにセイカシュギ虫が職場に忍び込んだようだ。セイカシュギ虫は創業者にも寄生し、上場まで家族同然のようだった社員にも「結果がすべてだ」と唱えるように豹変した。

早速、特効薬「成長主義」で治療するためにワークショップを行った。驚いたのは即効性である。

ステップ1**「自分の人生の目標を決める」**では、技術者たちの目の輝きが変わった。技術者は日々、IT技術の急速な進化にさらされている。本来は皆、技術にキャッチアップするための自身の成長には貪欲だった。そもそも技術好きが多いため、「人生の目標」と「仕事の目標」を重ねることに共感する人たちがほとんどだった。

ステップ1のワークショップはわずか1時間。100人ほどの開発部隊が、互いに人生の目標を発表し合うほど大いに盛り上がった。それぞれの目標を「AT：Ambitious Target」と名付け、ATを張り出した掲示板をアニメ「エヴァンゲリオン」にちなんで「ATフィールド」と名付けるような遊び心も取り戻した。

ステップ2**「成長のために何に集中するか決める」**では、日常の仕事と自身のATを結び付け、具体的なタスクを各自が決めていった。目標を達成したい上司は部下に「目標達成に向けて何か手伝えることはない？」と聞くようになった。例えば、データベースが苦手だとなれば、詳しい人とペアを組ませ、タスクをこなしながら学ぶ機会を与えた。

Chapter 4

「結果がすべて」ではない

ステップ2も合わせてワークショップにかかった時間は2時間だけだ。

そして3カ月後、ステップ3**「成長を振り返り、次に何に集中するか決める」**を実施した。面談で上司は部下に、ATに近づくためにどんな能力を身に付けたのかを質問。ここでの上司の役目は、結果にケチをつけるのではなく、自分の成長に気付くきっかけをつくることだ。その成長を土台に次の3カ月に集中するテーマを一緒に議論していく。能力が上がった分、新しい仕事にチャレンジしたいという部下も少なくない。セイカシュギ虫はいつの間にか消え去り、成長主義が広がり始めた。

「結果がすべてだ」と語るようになっていた社長は、創業当時に感銘を受けた松下幸之助の「物をつくる前にまず人をつくる」という言葉を思い出し、成長主義に基づき現場を助けるようになった。そもそも、ソフトウェアをつくるのは人。人が成長しモチベーションが高まることはダイレクトに業績向上につながる。上場以来、2年連続赤字だった会社はわずか四半期で黒字に転換した。

summarize
まとめ

あなたの「常識」は正しいのか？

「評価をすれば人は伸びる」

本当だろうか？　過去は変えられない。でも未来は変えられる。ならば、変えられない過去を評価する成果主義よりも、変えられる未来に集中する成長主義のほうがよっぽどよい。それこそが、人的資本主義を実現する王道ではないだろうか？

Column

「セイカシュギ虫」がラスボス級の破壊力を持つワケ

「セイカシュギ虫」が蔓延した会社では、その他の様々な害虫たちも同時に大量増殖していることが広く知られているが、それは長年の謎であった。だが、最新の研究成果で、それにはワケがあることが知られるようになった。次ページの図はその研究成果をまとめたものだ。

「セイカシュギ虫」が会社に入り込むと、結果にケチをつける**「シーエー虫」**が上司に取りつき蔓延るようになる。

すると「評価に対する不満」が増えてくる。特に、正解のある世界で今まで生きてきた**「ヨイコノノロイ虫」**に寄生されたメンバーは、何が正解かわからず当惑するようになり、悩みを抱えるようになる。

しかも「減点主義」で運用されると**「シッパイコワイ虫」**が増えてくる。さらに組織の上部では**「カクニン虫」**が「コストは？　市場規模は？　競合は？」と、や

「セイカシュギ虫」が蔓延ると……

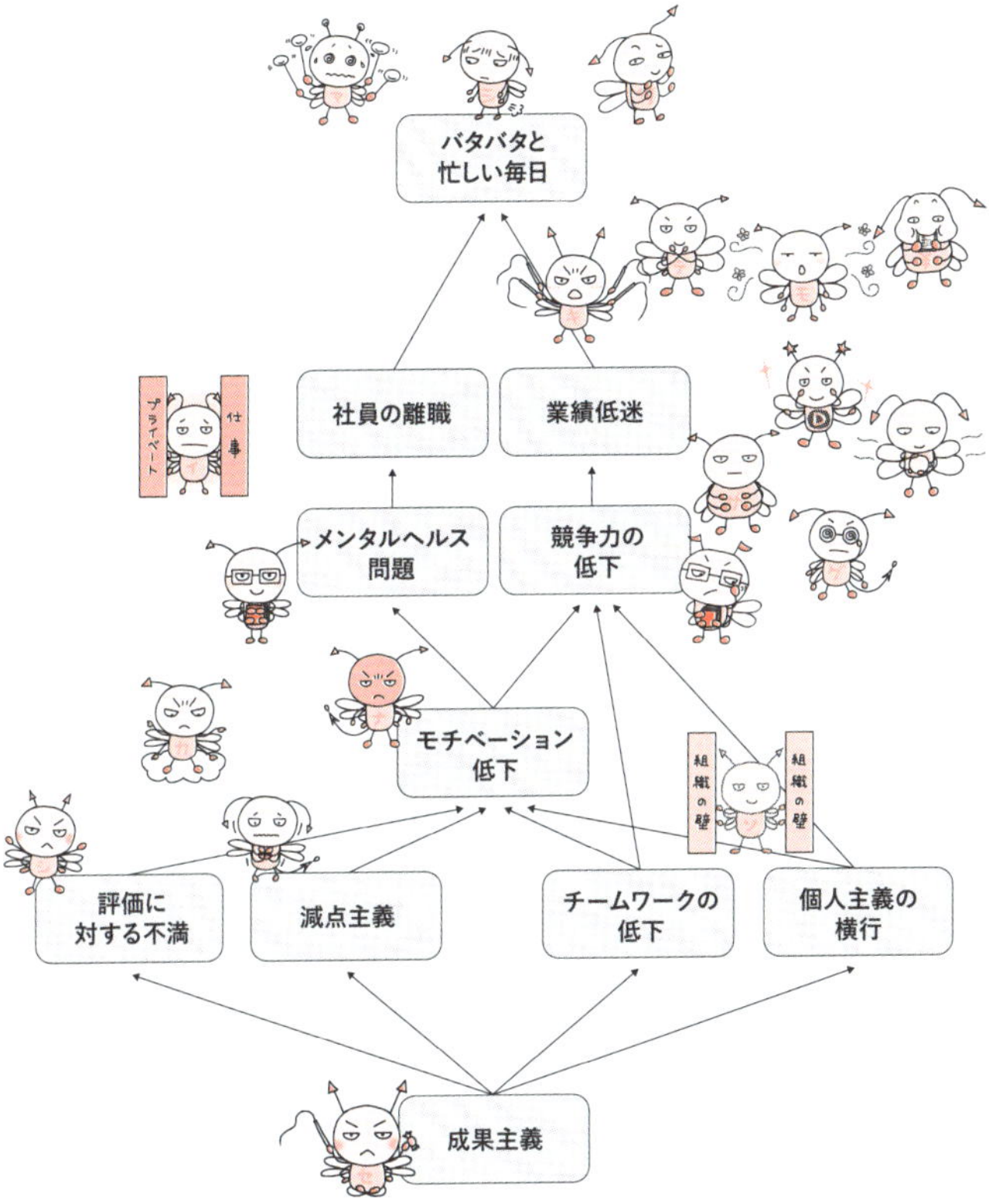

「会社の害虫」たちもみんな大繁殖してしまう！

たら確認を繰り返すと現場の「モチベーションの低下」を招くことになる。

その職場に**「ナゼナゼ虫」**が生息していて上司に取りついていると、「なぜ？」という問いで人を責め立て、時によってはパワハラまがいの状況を招き、職場の「メンタルヘルス問題」は深刻化する。そこに、仕事とプライベートのデリケートなバランスを迫られると**「イタバサミ虫」**が増殖し、ストレスが多い職場となり、会社に来るのがつらくなり、「社員の離職」を招くことになる。

また**「セイカシュギ虫」**が蔓延った現場では、「チームワークの低下」や「個人主義の横行」が組織に蔓延《まんえん》することが知られているが、それが**「ソシキのカベ虫」**を増殖させ、「組織の壁」という誰も未だ見たことのない壁をつくることになる。

チームワークは低下し、個人主義が横行し、社員のモチベーションが低下したら、組織が本来持っている能力を発揮することができず、必然的に「競争力の低下」を招き、「業績の低迷」は避けられない。

そんな状況を何とかしようと勉強熱心な社員に**「ベキ虫」**は取りつき、収益力を高めるために、原価削減運動などが始まる。万一、原価を計算する表計算ソフトに、**「ゲンカ虫」**というバグ（害虫）がいる場合、本当は儲かっている製品が赤字となって表記されることになる。赤字対策として、コストダウンするために海外生産すると、リードタイムが長くなり、**「ザイコフヤシ虫」**にとって居心地のいい環境を与え、大量発生を招くことになる。

危機感を持った経営幹部の周辺は**「キキカンアオリ虫」**には絶好のすみかとなる。そんな状況を**「DXアオリ虫」**が見逃すはずもなく、「デジタル、デジタル」とやかましく叫んで入り込んでくる。そんな中、変革の現場に必ずいると言われる**「テイコウ虫」**が発生し、改革は思うように進まないが、「シュダンスキ」という甘い幻惑物質をもつ**「モクテキワスレ虫」**がいれば、目的を忘れて手段だけを追うスローガンが職場のあらゆるところに貼られるようになる。

「ザイコフヤシ虫」で膨れ上がった在庫を減らそうとすると、そこには**「ヨ**

ソウ虫」がいるので**「DXアオリ虫」**の働きかけで、需要予測精度を上げるプロジェクトが始まるが、「ヨソウはウソヨ」でお金をドブに捨てる無駄遣いとなり**「カネクイ虫」**を太らせる。気が付いてみると会社はプロジェクトだらけ、**「マルチタスク虫」**は大繁殖、「バタバタと忙しい毎日」が続くようになる。そんな中でも「何としても納期は守れ！」という号令が出ると、**「シワヨセ虫」**が大発生、すべてのしわ寄せは現場メンバーにくるようになる。

そんな現場で、始めからギリギリの納期を約束して遅れたら大きな減点になるのは目に見えている。そんな職場で働く人の心に**「サバヨミ虫」**が忍び込み、納期にサバを読むようになる。

これがすべて当てはまるような会社は多くはないと信じたいが、もしも、一部でも当てはまるならば、本書で提案した方法をすぐに適用することをおすすめする。

セイチョウシュギ虫

「変えられる未来」に集中することで人の成長を加速する益虫。「セイカシュギ虫」に「成長主義」という特効薬を使うと、アメとムチが取れて変異すると言われている。

おわりに

月曜日が楽しみな会社にしよう！

本書の原稿を書くのは本当に楽しかったが、それと同時に、なぜか切ない感情がこみあげてくる。誰も会社を悪くしようと思っている人なんかいない。むしろよくしようと思っている。なのに、みんなの必死の努力にもかかわらず、結果として、深刻な事態を引き起こしてしまうことが次々に明らかになるからだ。

『ザ・ゴール』で紹介された全体最適のマネジメント理論ＴＯＣ（Theory Of Constraints）は、個々の症状に対処することを諫《いまし》め、全体の制約（ボトルネック）を明らかにして、そこに集中してマネジメントすることで、けた外れの成果がもたらされることを示している。

ＴＯＣでチャレンジするのは人ではない、人や組織に染みついた「思い込み」の数々である。本書で取り上げた解決策はすべて、科学理論としてのＴＯＣに基づき、開発された次の手法に基づいている。

◉『ザ・ゴール』で発表された個々の効率よりも全体の仕事の流れを良くする手法「ドラム・バッファ・ロープ」（Drum Buffer Rope）

◉『ザ・ゴール2思考プロセス』で発表された全体最適の問題解決手法「思考プロセス」（Thinking Process）

◉『ゴールドラット博士のコストに縛られるな！』で発表された全体最適のマネジメント会計「スループットアカウント」（Throughput Account）

◉『クリティカルチェーン』で発表された全体最適のプロジェクトマネジメント手法「クリティカルチェーンプロジェクトマネジメント」（ＣＣＰＭ:Critical Chain Project Management）

◉『チェンジ・ザ・ルール』で発表されたテクノロジーで成果をもたらすための「技術に関する6つの質問」（6Questions about technologies）

◉『ザ・チョイス』で発表された部分最適の組織を全体最適に変える「戦略と戦術のツリー」（Strategy & Tactics Tree）

◉『ザ・ゴールシリーズ在庫管理の魔術』で発表された全体最適のサプライチェーンマネジメント手法「ダイナミック・バッファ・マネジメント」（ＤＢＭ:Dynamic Buffer Management）

「目覚ましい成果が出たのはもちろん嬉しいが、何よりもの成果は人が育ったこと。職場にあふれるモチベーションとコラボレーション。こんな会社に私はしたかったんだ！」

ＴＯＣを導入した経営幹部の方々が口を揃えて語る言葉である。

彼らが退治したのは、人や組織に染みついた「思い込み」である。この本で特効薬を学んだあなたが、「会社の害虫」を見つけたら、それは大きなチャンスだ。

そこに潜む「思い込み」を一つひとつクリアすると、あなたの周囲にはモチベーションとコラボレーションが広がり、「月曜日が楽しみな会社」にすることにつながっていくからだ。

そして、目覚ましい成果はおのずとついてくる。なぜならば、組織を動かしているのは人だからである。

ＪＢプレスで連載中にお世話になった大竹剛氏の編集の手が私のドラフトに入ると、文章が尖り、さらに刺さる文章になり、多くの読者からたくさんの反響をいただいたことに感謝している。クロスメディア・パブリッシングの大沢卓士氏による全体の編集によりさらに磨きがかかり、私の代表作と胸を張って言える、我ながらスゴイ作品ができたと思う。

害虫退治のプロであるアース製薬さんには、研究所を訪問させていただき、リアル害虫退治の知見からヒントを得ることが出来た。何よりも最愛の妻であり絵本作家の「きしらまゆこ」のなぜか憎めないキャラのイラストがあればこその作品である。心から感謝している♡

「月曜日が楽しみな会社にしよう！」

ゴールドラット博士の生前最後の講演の締めくくりは、この言葉だった。『「月曜日が楽しみな会社にしよう！」なぜ組織を良くするために大切なのか？（ゴールドラット「金の知恵」入門）』という動画で解説もしているので、ぜひご覧いただきたい。この思いを胸に今後も「会社の害虫」＝「思い込み」退治活動をしていきたいと思っている。

p.s. 新種の害虫が発見されたら連絡ください。一緒に「会社の害虫」退治、研究しましょう！

岸良裕司
会社の害虫研究会

Introduction to Workplace Problem Solving

〈参考文献〉

◉『ザ・ゴール　企業の究極の目的とは何か』ダイヤモンド社　エリヤフ・ゴールドラット著
◉『ザ・ゴール　コミック版』ダイヤモンド社　漫画　蒼田 山
◉『ザ・ゴール2　思考プロセス』ダイヤモンド社　エリヤフ・ゴールドラット著
◉『ザ・ゴール2　コミック版』ダイヤモンド社　漫画　蒼田 山
◉『チェンジ・ザ・ルール！　なぜ、出せるはずの利益が出ないのか』ダイヤモンド社　エリヤフ・ゴールドラット著
◉『コミック版　ザ・ゴール3　チェンジ・ザ・ルール！』ダイヤモンド社　漫画　蒼田 山
◉『脱常識の儲かる仕組み』アマゾン　岸良裕司著
◉『最短で達成する　全体最適のプロジェクトマネジメント』KADOKAWA　岸良裕司著
◉『優れた発想はなぜゴミ箱に捨てられるのか？』ダイヤモンド社　岸良裕司著
◉『ザ・チョイス　複雑さに惑わされるな！』ダイヤモンド社　エリヤフ・ゴールドラット著
◉『クリティカルチェーン　なぜ、プロジェクトは予定どおりに進まないのか？』ダイヤモンド社　エリヤフ・ゴールドラット著
◉『「ザ・ゴール」シリーズ　在庫管理の魔術』ダイヤモンド社　エリヤフ・ゴールドラット著

●『ゴールドラット博士のコストに縛られるな！』ダイヤモンド社　エリヤフ・ゴールドラット著
●『考える力をつける3つの道具』ダイヤモンド社　岸良裕司／きしらまゆこ著
●『いま、あなたに必要なのは答えじゃない。「問いの力」だ』アマゾン　岸良裕司
●『きらいになれない害虫図鑑』幻冬舎　有吉立著
●"WA Project Management by Harmony" アマゾン　Yuji Kishira

［著者略歴］
岸良 裕司（きしら・ゆうじ）
ゴールドラットジャパンCEO
全体最適のマネジメント理論TOC(Theory of Constraint：制約理論)をあらゆる産業界、行政改革で実践。活動成果の1つとして発表された「三方良しの公共事業改革」は、ゴールドラット博士の絶賛を浴び、2007年4月に国策として正式に採用された。成果の数々は国際的に高い評価を得て、活動の舞台を日本のみならず世界中に広げている。2008年4月、ゴールドラット博士に請われてゴールドラット・コンサルティンググローバルパートナーに就任し、日本代表となる。東京大学MMRC(ものづくり経営研究センター)非常勤講師。主な著書に『全体最適の問題解決入門』『考える力をつける3つの道具』(以上、ダイヤモンド社)、『最短で達成する全体最適のプロジェクトマネジメント』(KADOKAWA)、『いま、あなたに必要なのは答えじゃない。問いの力だ』『脱常識の儲かる仕組み』(以上、アマゾン)、『子どもの考える力をつける3つの秘密道具』(ナツメ社)、監修書に『ザ・ゴール コミック版』(ダイヤモンド社)などがある。

組織《そしき》をダメにするのは誰《だれ》か？
職場《しょくば》の問題解決入門《もんだいかいけつにゅうもん》

2025年2月1日　初版発行

著　者　岸良裕司

発行者　小早川幸一郎

発　行　株式会社クロスメディア・パブリッシング
〒151-0051 東京都渋谷区千駄ヶ谷4-20-3 東栄神宮外苑ビル
https://www.cm-publishing.co.jp
◎本の内容に関するお問い合わせ先：TEL(03)5413-3140／FAX(03)5413-3141

発　売　株式会社インプレス
〒101-0051 東京都千代田区神田神保町一丁目105番地
◎乱丁本・落丁本などのお問い合わせ先：FAX(03)6837-5023
service@impress.co.jp
※古書店で購入されたものについてはお取り替えできません

印刷・製本　中央精版印刷株式会社

ISBN978-4-295-410607　C2034